JN154772

Ethical Entrepreneurship

エシカル・アントレプレナーシップ

社会的企業・CSR・サスティナビリティの新展開

横山恵子 編著

杉本貴志
長谷川伸 著
宮﨑 慧

中央経済社

はしがき

　「エシカルって何だろう」

　関西大学商学部の学生たちとともに，2016年春から取り組んできた『エシカル・ファッション・コレクション（エシコレ）』というプロジェクトの一つが，この本の刊行だ。非エシカルな状況が世の中にはたくさんある。人や組織として当たり前のことだけれども，実現できていない「エシカル」という考え方やあり方に対して，皆と考える場をつくろう。それが，エシカルなファッションショーとトークショーを組み合わせた『エシコレ』というイベントであった。関西大学梅田キャンパスにおいて，2016年12月11日（日）にファッションを通してエシカルを考える１日を開催した。

　その後，エシカルを取り巻く現状や考え方をより多くの人に伝え，エシカルな社会を牽引するアントレプレナーシップを持つ人材がたくさん育ってほしい，といった思いをベースに，エシコレ・プロジェクトは継続した。『エシカル・アントレプレナーシップ』という大胆な書名には，そのような思いが集約されている。

　フェアトレード，CSR，サスティナビリティ，ロハス，グリーン調達，ディーセント・ワーク，SDGs（持続可能な開発目標），SRI（社会的責任投資），ESG（環境・社会・ガバナンス）投資……，持続可能な社会をつくっていくために，たくさんの概念・取り組み・行動基準が生まれてきている。こういった持続可能な社会をつくっていくための考え方・あり方をひっくるめて，エシカルとくくった私たちは，エシコレを実施する上で何度も立ち止まった。

　「エシカルかどうか，何をもって判断できるのだろう」。

　完全にエシカルな事業者など存在しない。パタゴニア社の創業者イヴォン・

シュイナード氏も常々述べているように，我々は生きている限り，誰かに何かに負荷をかける。地球環境から少しずつ資源を搾取して生きている。どんなに環境基準に配慮しても，操業している限り，資源環境へダメージを与えながら事業を行っている。

それが一つの現実ではあるが，それでもなお，課題があることを認識しながらもエシカルであろうと努める事業者が存在することも事実だ。少しでもより良い社会になるようにと，課題を抱えながらも努力している事業者たち，そういったエシカル志向の事業者たちと一緒につくりあげたのが，エシコレである。学生たちは，事業者たちから多くのことを学びながら，イベントを形にしていった。その学ぶ姿を見て，エシカル・アントレプレナーシップを育む教育についても考えようとしたのが，この本の契機となっている。

本書を読んでいただく前に，エシカルに関する現実について補足しておきたい。非エシカルな世界。それは発展途上国の生産現場に限った話であろうか。この本を執筆中に目にした，テレビ東京『ガイアの夜明け』の「追跡！"絶望職場"の担い手たち」という番組（2017年8月1日放送）には衝撃を受けた。その映像には，日本国内のアパレル製造において，非エシカルな働き方を強制されている外国人労働者の姿が映し出されていた。彼女たちは，「外国人技能実習制度」で来日していた。これはほんの一例だが，日本国内においても，エシカルに関する課題は山積している。まずは，生活者一人ひとりが，非エシカルな現状を知る必要があるだろう。

アントレプレナーシップについても触れておきたい。関西大学商学部では，「品格ある柔軟なビジネスリーダーの育成」という理念の下，アントレプレナーシップ教育に力を入れてきた。大学での学びとアントレプレナーシップはどのようにつながるのだろうか。

まず学びについて考える上で，忘れられない言葉を紹介したい。高校時代の化学の先生の言葉だ。「勉強は，遊びの質を高めてくれる」。その時，先生が何

を意図して，遊び，という言葉を使ったのかはわからないが，遊びという概念の奥深さと勉強や仕事ということをはじめて明確につなぎ合わせてくれた言葉であった。

　次に遊びと仕事について考えたい。次の文は，創造性研究の大家である，チクセントミハイ（Mihaly Csikszentmihalyi）の発見である。「娯楽よりも職場でのほうが，フロー（集中・充実した没入状態）の状態にはるかに達しやすい。仕事には往々にして，明確な目標，即座に得られるフィードバック，能力で十分に対応できる課題などが含まれる。仕事とは関連性のない『遊び』だけを楽しめて，人生で取り組む真剣な仕事を堪えがたい重荷として耐えなくてはならない，と信じる理由はもはや存在しない。仕事と遊びの境界が人為的なものだと気づけば，問題の本質を掌握し，もっと生きがいのある人生の創造という難題に取りかかれる」。

　本書では，こういった考え方もベースに，自ら創造して生きていくことの大切さと，学びとをつなげることのできる教育についても，読者と一緒に考えていきたい。

　本プロジェクトは，多くの事業者さまのご協力のもと完成にたどりついた。巻末の協力者紹介に記載した企業・NPOの皆さまに，心より御礼申し上げる。なおエシコレのイベント開催および本書の刊行は，リー・ジャパン株式会社さまからの協賛の力を借りている。同じく協賛，後援，ファッションショーやトークショーへの参加，来場者へのプレゼント提供といったさまざまな形で，多くの事業者の方々が企画の早い段階からご協力くださったことで，その後，関西大学教育改革推進特別予算を獲得することができた。

　廣瀬幹好先生をはじめとする関西大学商学部の先生方にもご協力いただき，申請当時の学部長であった杉本貴志先生（執筆者の1人）の下，商学部主催イベントとして開催への道筋をつけることができた。イベント開催時の商学部長の乙政正太先生，商学部事務方の長として一切を取り仕切ってくださった樫葉修さん，イベント開催場所であった梅田キャンパスの財前英司さん（スタート

アップカフェ大阪コーディネーター）には，この企画の実現に向けて終始一貫して支えていただいた。

　本書は，たくさんの学生たちの力で開催したイベントがベースとなっているわけだが，特にコアメンバーの学生たちには，本書の編集プロセスでも協力してもらった。また執筆中には恩師・金井一頼先生（青森大学学長，大阪大学名誉教授）をはじめとする学会・研究者・実務家の方々の知見から大いに学ぶ機会をいただいた。とりわけ，京都産業大学経営学部の佐々木利廣先生とそのゼミナールおよび認定NPO法人大阪NPOセンターの方々には合同研究発表会の場でアドバイスをいただいた。最後に，中央経済社の酒井隆氏をはじめとする学術書編集部の皆さまにも感謝の意を表したい。

　本書で描くエシカル概念は理念系だ。したがって，きわめて理想的な状況を描いている。そこで留意したいのは，エシカルを追求する際に，非エシカルに陥らないようにと，禁止事項やルールでがんじがらめの息苦しい状況になってしまわないことだ。厳密にエシカルを追求することは，むしろ逆効果を生じかねない。人間としてあるべき姿を，想像力と創造力を発揮して大らかに追求しようというのが，本書の最大のメッセージである。その意味で，エシカル・アントレプレナーシップは，これからの社会を築いていく一人ひとりに必要な心の持ちようであり，考え方と行動様式なのではないかと思っている。

　私たちが住む環境をより良くするために。

　そして，私たち自身が前向きな未来を切り拓いて，美しく生きていくために。

　本書を通して，そのようなメッセージが少しでも伝わり，エシカル・アントレプレナーシップを持つ人々が，社会のいたるところで一隅を照らす実践を示して活躍してくれることを願って，本書を締めくくりたい。

2018年8月

執筆者を代表して

横山　恵子

目　次

はしがき　i

第1章　エシカル概念とは — 1

1-1　エシカルの定義を眺めてみよう　1
1-2　エシカルという動き　2
1-3　なぜエシカルが問われるのか　5
1-4　学術的な検討——エシカル，企業倫理，CSRの関係　7
1-5　本書の構成とエシカル概念　13

第2章　エシカル消費とフェアトレード — 19

2-1　「消費」で社会を変える　19
2-2　フェアトレードの広がり　22
2-3　認証型フェアトレードと民衆交易　27
2-4　フェアトレードから学ぶべきこと　32

第3章　エシカルな地域づくり——地域を育む民泊 — 39

3-1　課題先進地域・陸前高田でエシカルな民泊修学旅行　39
3-2　1泊2日の民泊で修学旅行生が変わる　42
3-3　シンプルで「ありのまま」「ほんもの」の民泊　43

- 3-4 陸前高田でどのようにして民泊修学旅行が始まったのか　47
- 3-5 民泊受け入れ世帯の確保・開拓　52
- 3-6 子育て世代を含む多様な民泊受け入れ世帯　55
- 3-7 地域を育む民泊　37

第4章 事業創造とエシカル・アントレプレナーシップ──63

- 4-1 エシカル・アントレプレナーシップに関する研究動向　63
- 4-2 守りと攻めのエシカルから考えるアントレプレナーシップ　64
- 4-3 エシカルはペイするか　67
- 4-4 CSVとCSR戦略　70
- 4-5 ソーシャル・アントレプレナーシップとエシカル　73
- 4-6 まとめ　78

第5章 エシカル・アントレプレナーシップと教育──81

- 5-1 アントレプレナーシップ教育　81
- 5-2 エシカル・アントレプレナーシップと教育　85
- 5-3 エシカル・アントレプレナーシップ教育とフローに導くPBL　88
- 5-4 エシカル・アントレプレナーシップ教育の実践　90

第6章 エシカルの最前線
──企業・NPOのエシカル・ストーリー──101

- Case　Lee（リー・ジャパン株式会社）　102
- Case　株式会社ココウェル　106

| Case | 認定NPO法人リボーン・京都　110
| Case | Love & sense（株式会社福市）　114
| Case | 有限会社シサム工房　118
| Case | ピープルツリー（フェアトレードカンパニー株式会社）　122
| Case | 株式会社オルタナ　126
| Case | JAMMIN合同会社　130
| Case | 株式会社ボーダレス・ジャパン　134
| Case | 認定NPO法人アクセス―共生社会をめざす地球市民の会　138
| Case | 近畿ろうきん（近畿労働金庫）　142
| Case | NADELL（株式会社Humming）　146
| Case | パタゴニア　150
| Case | 一般社団法人ソーシャルプロダクツ普及推進協会（APSP）
　　　　株式会社SoooooS.カンパニー　154

第7章　エシカルと生活者──定量調査に基づく検討と提案──159

7-1　エシカルを広めよ　159
7-2　エシカル志向社会をめざして　170

| 参考資料1 | エシカル・ファッション認知度調査アンケート　179
| 参考資料2 | エシカルファッションコレクションに関するアンケート　180
| 参考資料3-1 | エシコレ・パンフレット表紙　182
| 参考資料3-2 | エシコレ・パンフレットp.4　183
| 参考資料3-3 | エシコレ・パンフレットp.5　184
| 参考資料4 | エシコレ・タイムテーブル　185

索　引　187

第 1 章

エシカル概念とは

1-1 エシカルの定義を眺めてみよう

　エシカル（ethical）とは，倫理的，道徳的という意味の形容詞である。
　日本のビジネス関連の文献において，エシカルという言葉を用いて，エシカルを正面から取り扱ったものは少ない。タイトルにエシカルが含まれる和文献を探してみると，図表1-1のように数えるほどであり，また近年になって使われるようになってきていることがよくわかる。そこでのエシカルに関する定義を眺めてみよう。
　これらの定義の共通項は，「人や環境や社会へ配慮すること」である。良心ある人々にとっては，ごくごく当たり前のことを表明しているエシカルという言葉であるが，なぜその言葉に今，注目が集まり，そしてなぜわざわざ声高にその必要性を問わなければならないのか。
　本章では，エシカルという概念の位置づけを明確にして，本書で用いるエシカル概念というものを多角的に検討したい。また本書の構成についても説明する。

図表1-1　既存の和文献におけるエシカルの定義や説明

著者名	出版年	定義や説明	概念
田中洋	(2012)	消費者の個人の利益だけではなく，他者や環境の公的な利益を考慮して行う消費行動	エシカル消費
野村尚克ほか	(2014)	環境や社会へ配慮しているニュアンス，広範な社会問題や社会責任に配慮したモノや行動	エシカル
消費者基本計画	(2015)	倫理的消費とは，地域の活性化や雇用なども含む，人や社会・環境に配慮した消費行動	エシカル消費
馬場新一	(2015)	社会的な課題への取り組みを倫理的な観点で消費支援すること	エシカル消費
末吉里花	(2016)	私たちの良心と結びついていて，人や社会，環境に配慮されている	エシカル
万人立・池亀拓夫	(2017)	環境問題から社会問題ひいては人権問題まで包括的に表現できる概念としてクローズアップされてきたもの	エシカル
「倫理的消費」調査研究会	(2017)	人，社会，環境，地域，動物に配慮したさまざまな消費活動の総称	エシカル消費

筆者作成。

1-2　エシカルという動き

　エシカル運動の発端の地は，イギリスだと言われている。イギリスでは産業革命の時代に，工業化による環境破壊，過酷な女性労働や児童労働，劣悪環境での長時間労働という社会的問題が生じていた。これらの問題に対応してきたという歴史的経緯もあって，古くからエシカル意識の高い国として知られている。

　そのイギリスで，1989年に産声をあげたのがエシカル専門誌『エシカル・コンシューマー（ethical consumer）』である[1]。マンチェスター大学の学生3人が創刊したもので，現在進行形で4半世紀以上の歴史を持つ。年に6回，紙面

およびデジタルの双方で発刊されている。その目的は、人々がエシカルな消費生活を送ることを手助けする情報やツールの提供にある。発行母体の非営利組織であるエシカル・コンシューマー・リサーチ・アソシエーション（Ethical Consumer Research Association: ECRA）は、消費者の力でグローバルなビジネスをより持続可能なものにしていくというミッションに基づき、エシカル・コンシューマー（倫理的消費者）の支援・育成をめざす。

エシカル・コンシューマーとは、エシカルな商品やサービスを進んで購入するバイコット（buycott）活動や、逆にエシカルではないという理由で当該商品やサービスを購入しないというボイコット（boycott）活動を行う消費者である。専門誌『エシカル・コンシューマー』は、1991年から企業と商品・サービスに関するエシカル評価を続けてきた。4万件以上の企業・ブランド・製品に関するエシカル評価のデータベースを詳細なリサーチに基づき毎日更新している[2]。

エシカル評価データベースは5つのジャンルに19分野のテーマがあり、それらは300トピックスで構成される。このエシカル評価データベースをもとに、消費者のエシカル購買を助けるツールとして、エシスコア（ethiscore）というエシカル度を数値化したものを提示している。**図表1-2**は、エシカル評価の基準となる5つのジャンルと19分野をまとめたものである。

上記のような動きの中で、イギリスでは1998年にエシカル・トレーディング・イニシアチブ（ethical trading initiative）というエシカル・トレードを推奨する機関が発足した。グローバルに広がるサプライチェーン上の労働者の権利を守り尊重するために、イギリス企業・労働組合・NGOが連携して、エシカル・トレードの有効な実践を検討している[3]。

その後エシカルの動きは、世界動向やトレンドに敏感なファッション業界に広まり、イギリスのファッション業界はすぐにエシカル・ファッションを提唱した。そして、世界のファッション業界へと伝搬していく。パリでは、2004年からエシカル・ファッションショーが開催されている。同年、イギリスではエシカル・ファッションの推進団体「エシカル・ファッション・フォーラム

図表1-2　エシカル評価

ジャンル	分野
1．環境	①環境報告書の公表 ②気候変動への対応 ③汚染や有害物質排出行動 ④生態系破壊や持続可能レベルを超えた天然資源搾取行動 ⑤RSPO*認証されたパーム油の使用 　＊持続可能なパーム油のための円卓会議
2．動物	⑥動物実験 ⑦工場方式畜産 ⑧動物の権利（虐待など）
3．人	⑨人権 ⑩労働者の権利 ⑪サプライチェーン・マネジメント ⑫無責任なマーケティング ⑬軍事産業との取引
4．政治	⑭政治活動 ⑮ボイコットの対象となる ⑯物議中の技術（遺伝子工学や原子力発電）への関与 ⑰反社会的金融への関与
5．持続可能性	⑱社風 ⑲製品の持続可能性（フェアトレード，オーガニックなど）

出所：ethical consumerのウェブサイトをもとに筆者作成。

(Ethical Fashion Forum)」が設立された[4]。エシカルといえばエシカル・ファッションというイメージが強いのは，いち早くエシカルという動きに反応したのがファッション業界だったからである。

　一方，日本でのエシカルの胎動は2008年だと言われている。2008年以降，グーグル検索数が増え，一般的な雑誌や新聞で記事が組まれるようになった。

　2014年には，エシカルの波をさらにダイナミックな国民運動として積極的に全国展開するための社団法人「日本エシカル推進協議会」が誕生する。「エシ

カルなライフスタイルおよび文化全体の底上げ」を主要ミッションに掲げている[5]。具体的には，サスティナブル購入・フェアトレード・FSC（Forest Stewardship Council：森林管理協議会の認証制度）・MSC（Marine Stewardship Council：海洋管理協議会の認証制度）・レインフォレストアライアンス認証・RSPO（Roundtable on Sustainable Palm Oil：持続可能なパーム油のための円卓会議の認証制度）・動物福祉・オーガニック・ESG投資（環境・社会・ガバナンスを重視する投資）・エシカル・ファッションなどの推進を意味する。

2015年には消費者庁に「倫理的消費」調査研究会が設置される[6]。その目的は，倫理的消費の内容やその必要性などについて検証し，国民の理解を広め日常生活での浸透を図るために必要な取り組みについて調査研究を行うことにある。より良い社会に向けて人や社会・環境に配慮した消費行動（倫理的消費）の関心が高まっているものの，日本においてこうした動きは緒に就いたばかりで社会的な仕組みが整備されていないという認識に基づき，消費者行動の進化と事業者サイドの取り組みの双方を促そうとしている。

1-3　なぜエシカルが問われるのか

エシカルに関する動きを概観してきたが，なぜ今，エシカルが問われているのか。例えば食料問題を考えてみよう。私たちは，毎日大量の食料を廃棄している。飢えている人がたくさんいる一方で，飽食の国においては大量廃棄の問題が存在する。その食料には大量の肉も含まれている。これらの肉はどうやって育てられたのか。狭い舎で自然光を浴びることもなく工場生産物のように育てられ，そしてただ捨てられるために殺されている命があることを想像してみてほしい。

私たちは現在，非常に安い価格で洋服を購入することができる。その背景には，原価を抑えるためにシワ寄せを被る，自然環境や生産者たちの姿をみることができる。例えば，綿花の栽培を考えてみよう。少しでも安く大量に生産するためには，大量の強い農薬が必要となる。その農薬は，土壌を疲弊させると

ともに，生態系を汚染して，農家の健康も蝕む。大量の安い原材料が入ってくる中で，その労働現場の自然環境は汚されて，人々の健康が害されている。

原材料の問題だけではない。例えば，人件費を削減するために存在するスウェットショップ（搾取工場）問題。2013年4月にバングラデシュの首都ダッカ近郊の商業ビル「ラナ・プラザ」崩壊事故は，スウェットショップ問題が衝撃的な形で顕在化したものだった。

このビルは，5階建てであったが，6階から8階までは違法に建て増しされ，5つのアパレル縫製工場を不正に入居させていた。事故前日には，建物に大きな亀裂が発見され，下層の商店や銀行などは閉鎖され，崩落の危険が指摘されていた。それにもかかわらず，縫製工業の経営者たちは，従業員を避難させずに，生産効率ばかりを優先して通常の体制で仕事につくように従業員に指示していた。縫製工場の女性従業員たちは出社を嫌がっていたという。

その結果，建物の崩壊が起こり，死者1,130人以上，負傷者2,500人以上という大惨事を引き起こした。この事故を契機に，バングラデシュの労働者たちの過酷な労働実態が明らかになる。安全を無視した労働環境，長時間労働，児童労働，低賃金，賃金未払いなどだ。またこれらの縫製工場では，下請けの下請けといった形で，主に欧米資本の大手企業の洋服が生産委託されていたため，利益優先型のグローバル・ビジネスのあり方に大きな批判の声があがった。

利益至上主義で行動していると，当たり前のことであるはずのエシカルがないがしろにされてしまう。もしくは，複雑化するサプライチェーン上で起こっている悲劇に気づくことが難しく放置されている現実がある。

しかしながら，こういった非エシカルな状況に対して，国際社会も手をこまねいているわけではない。例えば，世界規模の目標として有名なものが，持続可能な開発目標（Sustainable Development Goals: SDGs）だ。SDGsは，2001年に策定されたミレニアム開発目標（Millennium Development Goals: MDGs）の後継目標であり，2015年9月の国連サミットで採択された。「持続可能な開発のための2030アジェンダ」に記載されている，2016年から2030年までの国際目標である。持続可能な世界を実現するための17のゴール・169のターゲット

図表1-3　SDGs（持続可能な開発目標）

出所：外務省ウェブサイト。

から構成され，「誰一人取り残さない」社会の実現をめざし，経済・社会・環境をめぐる広範な課題に統合的に取り組むことを標榜している（図表1-3）。

1-4　学術的な検討
　　　——エシカル，企業倫理，CSRの関係

(1)　企業倫理とエシカルの主体

　企業倫理（ビジネス倫理，ビジネス・エシックス，経営倫理）という学問分野は，企業の倫理を考える。企業体・トップ・マネジメント層・マネジャー・従業員といった各主体の倫理について検討されてきた。企業体を主語にした場合の研究テーマは，倫理の制度化や倫理的カルチャー等があげられる。企業の成員である個人を主語にした場合には，意思決定における倫理的ジレンマが大きな研究テーマとして掲げられてきた。

　一方，エシカルという概念は，企業だけでなく，消費者や生活者も主語にして使われる。本書ではエシカルという概念を，企業倫理を含むが消費者・生活

者・ステイクホルダー[7]もその主体として取り込む，汎用性の広い概念としてとらえる。

(2) エシカル，企業倫理，CSRの関係

岡本・梅津（2006）によると，企業倫理は2つの発展経路を持つ。倫理学と経営学である。倫理学を基盤として生まれた企業倫理は，規範論的アプローチ（Normative Approach）を軸に，経営学を基盤として生まれた企業倫理は実証主義的アプローチ（Empirical Approach）を軸に発展したことから，企業倫理には，規範的側面と実証的側面があると説明している。規範的側面とは，「すべき，あるべき」といった当為命題を含む価値判断に言及することであり，ビジネス事象の善悪およびその判断基準についての学的反省である。実証的側面とは事実ベースでの言及となり，環境への倫理的適応のあり方を検討する。

本書ではこの2側面を単純化して考えたい。企業倫理の規範的側面は応用倫理学の一分野として発展してきているのだが，それについては狭義の「企業倫理論」と呼ぶ。そして，企業倫理の実証的側面については主として議論される分野名を採用して「社会的責任（CSR）論」と呼ぶ。すると，エシカル，企業倫理，企業倫理論，CSR論には，**図表1-4**のような関係が見いだされる。

企業倫理の規範論には，定評のあるパースペクティブが存在する。ジョーンズほかの研究（Jones, et al. 2007）では，それらの共通事項を見いだそうとした。彼らは，利己主義（Egoism），功利主義（Utilitarianism），カントの倫理（Kantian ethics），ロールスの公正（Rawlsian fairness），ケアの倫理（The ethics of care），徳の倫理（Virtue ethics），統合社会契約論（Integrated social contracts theory: ISCT）というパースペクティブを検討した上で，それらの考え方の土台は，一つの本質的要素に収斂されるとした。それは「自己利益を超えた他者への関心」である。

第1-1節でみてきたエシカルの定義においても，共通項として「人や環境や社会への配慮」という点が見いだされたが，企業倫理論の考え方においても，エシカルとは「自己利益を超えた他者への配慮や尊重」といった点に落ち着く。

第1章　エシカル概念とは

図表1-4　資本主義社会におけるエシカルの定義

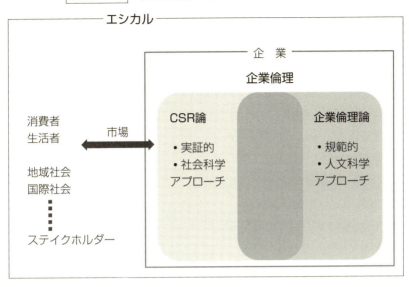

筆者作成。

　次に，図表1-4に示した企業倫理論とCSR論の関係について検討しよう。岡本・梅津（2006）は，企業倫理論にはCSRが含まれるという見解を示した。そして，CSRと規範倫理原則の統合について，キャロル（Carroll 1996）のCSR分類をベースに検討している。キャロルのCSRピラミッドとは，図表1-5にあるように，CSRの内容を4分類したものである。CSRとは，全ステイクホルダーに対して，これらの4つのレベルの各責任を果たしていくことだと主張する。

　岡本・梅津（2006）は，キャロルのCSRピラミッドを，企業と社会とのインタラクションのあり方を分析しているものと読みかえ，そこには人間関係を律する規範原則が当てはまるとした。CSRと企業倫理の接点を，人間同士のインタラクションという社会的現実の側面から見いだし，企業倫理論（規範倫理原則）とCSR論の呼応関係を示している（図表1-6）。

図表1-5　CSRのピラミッド構造

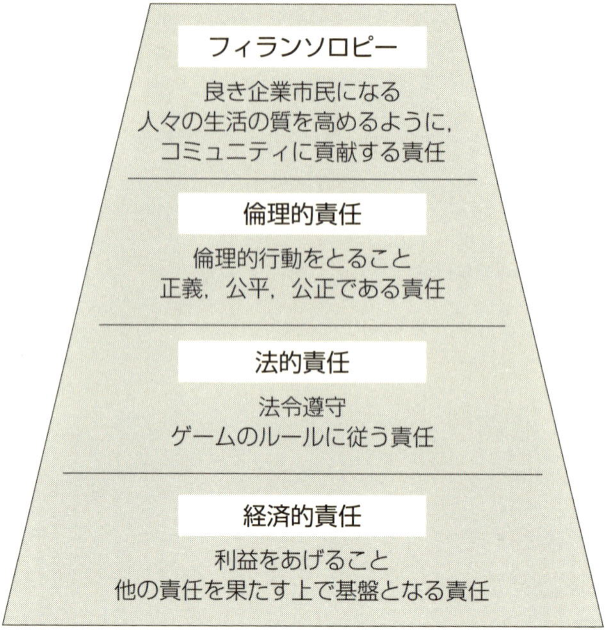

```
フィランソロピー
良き企業市民になる
人々の生活の質を高めるように，
コミュニティに貢献する責任

倫理的責任
倫理的行動をとること
正義，公平，公正である責任

法的責任
法令遵守
ゲームのルールに従う責任

経済的責任
利益をあげること
他の責任を果たす上で基盤となる責任
```

出所：キャロル（1996），p.39。

図表1-6　CSRと規範倫理原則の関係

CSRの類型	社会的期待	主な規範倫理学説	規範倫理原則
社会貢献的責任	社会から望まれている	正義論	社会的弱者の福祉最大化
倫理的責任	社会から期待されている	義務論	普遍的義務
		権利論	普遍的人権
法的責任	社会から義務づけられている	功利主義	最大多数の最大克服
経済的責任	社会から義務づけられている	倫理的利己主義	自己利益の最大化
		自由放任主義	適者生存の原則

出所：岡本・梅津（2006）のpp.165-170をもとに，表6-3と表6-5を合体。

(3) エシカルをとらえる視点：守りのエシカル，攻めのエシカル

ペイン（1999）は，企業倫理を組織の誠実さと主張している。そして，誠実さという言葉を，正直さ・自己管理・責任感・道徳的健全さ・原則への忠実さ・堅固な目的意識などの質の高さに関連する広い意味で使っている。ペインのいう企業倫理のテーマとは，組織リーダーがこうした質の高さを持った組織の構築・維持を検討・追求・実践することである。

そのうえで，ペインは，企業が倫理的アプローチをとる際のレベルを2つに分類した。法令遵守をめざす戦略と，誠実さをめざす戦略である。岡本・梅津（2006）は，ペインの考え方を整理して，前者をコンプライアンス型，後者を価値共有型（バリュー・シェアリング型）として違いをまとめた（図表1-7）。

コンプライアンス型は強制的制度化であり，不正行為の摘発や防止といったものが含まれる。企業倫理を推進させる誘因は，企業に対する外圧（外発的なもの）だ。一方，価値共有型では，企業理念や価値という内圧（内発的なも

図表1-7　企業倫理実践の2つのアプローチ

	コンプライアンス型	価値共有型
精神的基盤	外部から強制された基準に適合	自ら選定した基準に従った自己規制
Codeの特徴	詳細で具体的な禁止条項	抽象度の高い原則，価値観
目的	非合法行為の防止	責任ある行為の実行
リーダーシップ	弁護士が主導	経営者が主導
管理手法	監査と内部統制	責任を伴った権限移譲
相談窓口	内部通報制度（ホットライン）	社内相談窓口（ヘルプライン）
教育方法	座学による受動的研修	ケース・メソッドを含む能動的研究
裁量範囲	個人裁量範囲の縮小	個人裁量範囲内の自由
人間観	物質的な自己利益に導かれる自立的存在	物質的な自己利益だけでなく，価値観，理想，同僚にも導かれる社会的存在

出所：岡本・梅津（2006），p.153。

の）を誘因として，企業倫理が推進される。

　これらの誘因を，企業倫理推進の外発的誘因と内発的誘因と呼ぶとすると，外発的誘因（ex. 法制度）とは，主として社会に負（－）の影響を与えないように律せられる。内訳として，禁止事項が多くなるのである。内発的誘因は逆に，社会に正（＋）の影響を与えたいという自発的行為が多くなる。前者を守りの企業倫理実践，後者を攻めの企業倫理実践と考えることができる。

　このような守り（負を与えない）と攻め（正の価値創造をする）といった分類は，企業倫理やCSRの文献で数多く目にする。ただし，区切り方や解釈の仕方は，論者によって異なる。

　高橋（2016）は，ビジネス倫理となると，企業不祥事への対応ばかりが話題になり，負（－）の側面からしか見ていないとして，正（＋）の側面，すなわち経営戦略の一つとしてビジネス倫理をとらえる必要があるとした。

　伊吹（2005）は，社会に負（－）の影響を与えないようにするCSRを守りのCSRと呼び，社会に正（＋）の影響を与えるCSRを攻めのCSRと呼んだ。一方で，小河（2011）は，守りと攻めに関して，社会に対する影響で判断するのではなく，自社に対する影響で分類している。付加価値を生まないが事業継続に不可欠なコンプライアンスやガバナンスなどの当たり前のCSR（守りのCSR）と，自社の企業価値向上や組織活性化に寄与する戦略的CSR（攻めのCSR）だ。ポーター＆クラマー（2008）も同様に，CSRを受動的CSRと戦略的CSRに分けている。外部の声に対処するCSRを受動的CSRととらえ，自社の競争力につながるような社会的価値創造を戦略的CSRとした。これまでの議論と呼応させると，前者は守りであり，後者は攻めに該当する。

　本書のエシカルについても，守りと攻めで分類する。エシカルな製品・サービスを例にとって考えてみよう。中間（2015）は，生活者のみならず社会のことを考えてつくりだす有形・無形の商品・サービスのことをソーシャルプロダクツと呼び，持続可能な社会に貢献するものとした。本書でエシカル・プロダクツと呼ぶものは，この定義と同じものである。中間（2015）があげている代表例が，エコ（環境配慮），オーガニック，フェアトレード，寄付（売上の一

部を通じた寄付），地域の活力向上，伝統の継承・保存，障がい者支援，復興支援などに関連する「人や地球にやさしい商品・サービス」を指し，生活者のより良い社会づくりへの参加（社会貢献）を可能にするものとしている。

エシカル・プロダクツという最終アウトプット自体は，新価値創造であり，社会へも自社へも正の効果を生み出しているため，攻めのエシカルととらえることができる。一方で，エシカル・プロダクツを生み出し提供するプロセス（バリューチェーン）においては，負を生じさせない，他者配慮の原則が貫かれる必要があり，守りのエシカル精神が必要とされる。原材料調達・生産・流通・消費者の使用場面・使用後の廃棄フェーズ等において，負を生じさせないという意味で守りのエシカルが必要だ。

守りと攻めのエシカルに2分類してみると，特徴や課題が見えてくる。攻めのエシカルは可視化されやすく，わかりやすく，企業にとっては従業員の創造性やモチベーションを喚起させやすい取り組みである。一方で，守りのエシカルは，可視化しづらく，わかりにくく，配慮しなければならないもので，企業にとっては負荷を感じやすい取り組みだろう。

1-5　本書の構成とエシカル概念

(1)　本書におけるエシカル概念

本書のエシカル概念とは，企業倫理やCSRをはじめ類似概念を包括するものとして取り扱う（図表1-4）。したがって，企業倫理やCSRの文脈下で論じられる，ソーシャルおよびサスティナブルという概念もエシカルに含める。

そもそも倫理とは，「自己利益を超えた他者への配慮や尊重」を意味していた。ここでいう他者は，社会の構成主体であるステイクホルダーととらえることができる。したがって，倫理とは「自己利益を超えたステイクホルダーへの配慮や尊重」を意味している。

本書では，この表現を，もっとカジュアルな形で定義する。本書のエシカル

とは,「地球,人,動物,地域社会,伝統文化,将来世代などを尊重(配慮)した行動」を指す。

　以下では,これまでの検討をベースにして,本書におけるエシカル概念の特徴をまとめておきたい。
　① 汎用性が高い
　エシカルは,企業の行為だけでなく,消費者・生活者をはじめとするステイクホルダーの行為にも使うことができるため,汎用性の高い概念である。企業倫理やCSRとはそこが異なる。
　② 包括的な概念
　エシカルには,企業倫理やCSRといった概念をはじめ,ソーシャル,サスティナブルといった意味合いも含まれる。持続可能な社会にチャレンジする上で必要不可欠な概念である。
　③ 他の概念とコラボしやすい
　エシカルという言葉は,いろいろな言葉とコラボすることが可能だ。エシカル・ファッション,エシカル調達,エシカル・トレード,エシカル・ビジネス,エシカル消費,エシカル・コンシューマー,エシカルな活動,エシカル・コード……といったように,多様な広がりをみせている。多くの言葉とフレンドリーな概念である。また本書では,エシカルを形容詞としてだけでなく名詞的にも使用する。
　④ 実践的ワード
　エシカルという概念を,より多くの人のエシカル実践を促すために使用する。電気をこまめに消す,ゴミをポイ捨てしないといった,身近なこと・できることからでよいので,多くの人に実践してもらってこそ,エシカルという言葉は生きる。
　本書で用いるエシカルとは,一人ひとりに実践してもらうための,実践的ワードとして用いている。どんな小さなことでもエシカルを意識して改善の一歩を踏み出してもらいたいという考えで,エシカルという用語をカジュアルに

⑤　守りのエシカルへの想像力と攻めのエシカルへの創造力

エシカルについて，社会に与える負の影響を極力削減しようと努力する守りのエシカルと，社会へ正の影響を与える攻めのエシカルとに2分類した。企業や生活者一人ひとりが，守りと攻めの両面について意識してほしい。一人ひとりが，守りのエシカルへの想像力を働かせるとともに，攻めのエシカルを実現するために創造力を発揮していく必要がある。

⑥　エシカルの実践において強いストーリーが生まれる

地球，人，動物，地域社会，伝統文化，将来世代などを尊重（配慮）して行動しながら利益を出していく活動には，地道な取り組みの継続と同時に工夫や革新が必要になってくる。その工夫や革新は，強いストーリー性を生み出す。

(2)　本書の構成

本書は，以下の構成をとる。ここまでの第1章では，エシカル概念について多面的に説明した。ここでエシカルについてイメージをつかんでいただいた上で，学問的な概念検討も行い，本書でのエシカル概念の立ち位置を明確にした。

第2章は，「エシカル消費とフェアトレード」について論じる。エシカル実践の中で中心的な活動として位置づけられるフェアトレードについて概観して，あわせてエシカル消費についても検討する。

第3章は，「エシカルな地域づくり」というテーマで，東日本大震災以降の地域のエシカルな取り組みが描かれている。

第4章では，「事業創造とエシカル・アントレプレナーシップ」について述べる。企業戦略とエシカルの議論について，CSR戦略，CSV，ソーシャル・アントレプレナーシップ，エシカル・アントレプレナーシップといった概念を整理した。また事業創造においてエシカルに取り組むことが難しい理由と，取り組み方についても議論している。

第5章「エシカル・アントレプレナーシップと教育」では，アントレプレナーシップ教育を検討した上で，エシカル・アントレプレナーシップ教育の一

環として行った関西大学商学部エシカル・ファッション・コレクション（エシコレ）プロジェクトの軌跡を描く。そして，エシカル・アントレプレナーシップやその教育実践について考察する。

　第6章は，「エシカルの最前線：企業・NPOのエシカル・ストーリー」として，14ケース（17事業者）のエシカルなお話をまとめている。いわば，関西大学商学部エシコレに協力くださった企業やNPOのエシカル・ストーリーのケース集である。

　第7章はまとめの章である。「エシカルと生活者：定量調査に基づく検討と提案」というテーマで，生活者とエシカルの関係を，エシコレ・プロジェクトの一環として実施したアンケート調査をもとに紐解く。そこから，事業者と生活者へのインプリケーションを導き出す。

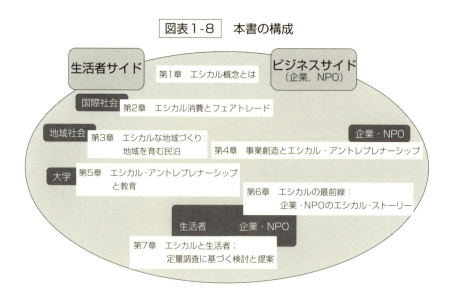

図表1-8　本書の構成

注

1　ethical consumer, http://www.ethicalconsumer.org, 2017年9月3日閲覧。
2　corporate criticという有料オンラインサイトで閲覧することができる。
3　Ethical Trading Initiative, http://www.ethicaltrade.org, 2017年9月3日閲覧。
4　Ethical Fashion Forum, http://www.ethicalfashionforum.com, 2017年9月3日閲覧。
5　一般社団法人日本エシカル推進協議会, http://www.jeijc.org, 2017年9月3日閲覧。
6　消費者庁「倫理的消費」調査研究会, http://www.caa.go.jp/policies/policy/consumer_education/consumer_education/ethical/study_group, 2018年4月15日閲覧。
7　ステイクホルダー（stakeholder）とは、企業の利害関係者を意味する。

◆参考文献

伊吹英子（2005）『CSR経営戦略』東洋経済新報社。
岡本大輔・梅津光弘（2006）『企業評価＋企業倫理：CSRへのアプローチ』慶應義塾大学出版会。
小河光生（2011）「成功の秘訣は攻めと守りのCSRを全社体制で行うこと：組織・人を強くするCSR」『東洋経済オンライン』。
　　http://toyokeizai.net/articles/-/7552　2017年9月3日閲覧。
外務省「SDGs（持続可能な開発目標　持続可能な開発のための2030アジェンダ」。
　　http://www.mofa.go.jp/mofaj/gaiko/oda/about/doukou/page23_000779.html, 2017年9月3日閲覧。
消費者基本計画（2015）平成27年3月24日閣議決定，
　　http://www.caa.go.jp/policies/policy/consumer_policy/basic_plan/pdf/150324adjustments_1.pdf, 2018年7月15日閲覧。
末吉里花（2016）『はじめてのエシカル』山川出版社。
髙橋浩夫（2016）『戦略としてのビジネス倫理入門』丸善出版。
田中洋（2012）「マーケティングから見た倫理的消費の可能性」『CEL』1月号，pp.30-33。
デルフィス エシカル・プロジェクト編著（2012）『まだ"エシカル"を知らないあなたへ』産業能率大学出版部。
中間大維著・江口泰広監修（2015）『その商品は人を幸せにするか：ソーシャルプロダクツのすべて』ファーストプレス。
野村尚克・中島佳織・デルフィス・エシカル・プロジェクト（2014）『ソーシャル・プロダクト・マーケティング』産業能率大学出版部。
馬場新一（2015）「持続可能な消費社会に向けて企業と消費者の役割を考える：エシカル消

費とCSV」『Business insight』第23巻第3号, pp. 2-6。

ペイン, リン・シャープ著, 梅津光弘・柴柳英二訳（1999）『ハーバードのケースで学ぶ企業倫理』慶應義塾大学出版会。

ペイン, リン・シャープ著, 鈴木主税・塩原道緒訳（2004）『バリューシフト：企業倫理の新時代』毎日新聞社。

ポーター, マイケル＆クラマー, マーク（2008）「競争優位のCSR戦略」『ダイヤモンド・ハーバード・ビジネス・レビュー』1月号, pp.36-52。

万人立・池亀拓夫（2017）「世界のエシカルブランドと中国におけるエシカル動向に関する考察」『デザイン学研究』第63巻第5号, pp.23-32。

森本三男（1994）『企業社会責任の経営学的研究』白桃書房。

「倫理的消費」調査研究会（2017）「あなたの消費が世界の未来を変える」, http://www.caa.go.jp/policies/policy/consumer_education/consumer_education/ethical/study_group/pdf/region_index13_170419_0002.pdf, 2017年6月1日閲覧。

Carroll, A. B. (1996) *Business and Society: Ethics and Stakeholder Management, 3rd ed.* Cincinnati, OH. : South-Western College Publishing.

Jones, T. M., Felps, W. and Bigley, G. A. (2007) "Ethical Theory and Stakeholder Related Decisions: The Role of Stakeholder Culture." *Academy of Management Review*, 32(1), pp.137-155.

（横山恵子）

第2章

エシカル消費とフェアトレード

2-1 「消費」で社会を変える

　初めて訪れた地域で，そこでの人々の生活を垣間見るためには，「店」を覗いてみればいい。その地域の暮らしを支えている市場や商店を見てみれば，そのコミュニティの有り様が集約されている。先進国と呼ばれる地域であれば，多くの場合，「店」の中心的な存在はスーパーマーケットであろう。露天市や商店街に比べて，スーパーマーケットは個性に乏しく，国中どこでも，あるいは世界中どこでも，同じようなものだと捉えられがちであり，たしかにそうした側面もあるけれども，スーパーの売り場をよく観察してみれば，そこにも"お国柄"や地元の生活文化が反映されていることにきっと気がつくことだろう。

　例えば日本とイギリスにおけるスーパーマーケットの「卵」売り場を取り上げてみよう。日本の大型スーパーには，実に多くの種類の卵が並んでいる。6個入りパックと10個入りパックが主流だが，そうした個数や「M」・「L」といった大きさの違いがあるだけでなく，白玉と赤玉といった殻の色の違いが区別されて売られているし，なかには高価な値付けがなされているものもある。そうした高価格品は，「○○強化」というようにエサの違いを強調し，「黄身が

濃い」・「栄養分が優れている」とアピールしているものが多く，サルモネラ菌対策の徹底をアピールしているものもある。鶏卵を生食するという世界でも稀有な食文化を擁し，食材へのこだわりが強い日本ならではの売り場風景である。

　一方，イギリスなど海外のスーパーマーケットでは，そのような多彩な売り場を見ることは一般にない。唯一品質へのこだわりという点であるのが，「オーガニック」であるか，そうでないかという違いであり，ある程度以上のレベルの店であれば，一般品に加えて日本でいう「有機」の卵が売られているだろう。有機栽培のエサを用いたり，化学薬品を飼育の中で使用したりしていない，安心で安全な卵ということで，こうしたオーガニック卵が自然食ブームの欧米において高価格で販売されていることは日本人にも理解できるところである。

　ところがイギリスなど欧米のスーパーで売られている卵には，もう一種類，まだまだ日本には馴染みがない分類の卵がある。オーガニックの卵を置いていない店でも，たいていの場合この卵は扱っており，店によってはその存在を売り場で大きくアピールしている。「フリーレンジ・エッグ」という卵である（写真2-1）。

　フリーレンジ・エッグとは，狭くて窮屈なケージの中に閉じ込めて飼育する

写真2-1　フリーレンジ・エッグ

出所：イギリスの生活協同組合にて，筆者撮影。

のではなく，自由に動き回れるように放し飼いで育てたニワトリが産んだ卵である。イギリスでは，このフリーレンジ・エッグが販売される卵の大部分を占めており，生協のように「フリーレンジ・エッグ以外の卵は一切扱わない」と表明している流通業者や外食業者も存在するが，スイス，スウェーデン，フィンランド，ドイツといった諸国では，さらに徹底して，フリーレンジではないケージでの養鶏を法律で禁止しているという。

養鶏場というと，日本では鶏舎の中でニワトリが一列にぎっしり並び，そこで産卵させられている光景を思い浮かべるだろうが，それは欧米では時代遅れで野蛮なやり方だと非難されてしまうのである。なぜ欧米の人々は放し飼いにこだわるのか。それが卵や鶏肉のおいしさに結びつくからだという人ももちろんいるけれども，圧倒的に多数の人々はそれよりも「アニマル・ウェルフェア（動物福祉）」ということを口にする。食料として動物の命をいただくとしても，できる限り苦痛を与えない方法で飼育し，処理することを人間は追求しなくてはならない。そのような考え方が，日本人が想像するよりもはるかに強く，広く，欧米では共有されている。フリーレンジ・エッグはその象徴的な存在である。

味がよくなるなら，あるいは栄養が優れているのなら，追加の出費はいとわないという消費者が日本にもたくさんいるだろう。しかし，そうした商品自体が持つ自分にとっての魅力ではなく，「自己利益を超えた他者への配慮や尊重」から，言い換えれば「人や社会や環境への配慮」から，欧米の消費者は割高な放し飼いの卵を好み，購入している。この「エシカル消費」がいかに広がっているかを実際に体感したければ，スーパーマーケットの卵売り場に行ってみればいい。アニマル・ウェルフェアという考え方にどう向き合うのか，消費者が自分の意見を表明し，それを実践する場として，彼の地ではスーパーの売り場が機能している。選挙における投票や，街頭でのデモ行進，メディアでの意見表明等々だけでなく，消費者にはこんな社会運動のあり方も用意されているのである。

2-2　フェアトレードの広がり

　そういう目でイギリスのスーパーマーケットを観察すると，フリーレンジ・エッグのほかにもエシカル商品というべき品々が売り場に多数並んでいるのが目に留まるだろう。

　動物愛護にこだわった商品としては，フリーレンジ・エッグ以外にもハムやソーセージなど苦痛を与えずに飼育・屠殺して製造された畜産製品が目につくし，イギリス人がもっとも愛するイルカやクジラを傷つけないことに配慮した漁法で獲られたことを認証する「ドルフィン・セーフ」マークがついた水産物の缶詰もある。家畜や野生動物へのダメージを最小限にすることが事業者の当然の義務と考えられているだけでなく，商品を使う消費者の安全確保を理由として実験動物に負担をかけることさえ許されないというのが動物愛護社会イギリスの考え方である。例えば生活協同組合（生協）で取り扱う日用品・化粧品では，商品開発にあたって動物実験で安全性をたしかめることが一切禁止されている（**写真2-2，3，4**）。

　しかし何といっても圧倒されるのは，発展途上国の生産者を先進国の消費者が買い物によって支援しようという「フェアトレード」商品の充実ぶりである。第三世界の生産者を支援するために，あえて割高な価格を払って輸入したというフェアトレード製品が，店舗の棚のあちこちに並んでいる。フェアトレードというと，日本ではバナナ，コーヒー，紅茶，チョコレートといった嗜好品をまず思い浮かべる人が多いだろうが，それらの広範な品揃えはもちろんのこと，大手スーパーではそれ以外のさまざまな加工食品，ソフトドリンク，アルコール飲料，衣料品についても，フェアトレードの認証マークがついた商品が取り揃えられているのである。

　2月下旬から3月上旬の2週間は「フェアトレードの2週間（Fairtrade Fortnight）」とされているが，この時期には特にフェアトレードについての宣伝・情報が店頭を埋め尽くし，メディアがさまざまな記事を掲載する。そのな

第2章　エシカル消費とフェアトレード

|写真2-2|　動物福祉をアピールする生協のパンフレット（左）
|写真2-3|　「ドルフィン・セーフ」マークがついたイギリス生協のツナ缶詰（中央）
|写真2-4|　動物実験を一切行っていないことをアピールするコープのレジ袋（右）

筆者撮影。

かには，生活のすべてをフェアトレード製品だけで賄えるだろうかといった冒険的体験レポートもあったが，そうした記事が何とか成り立つほど，ありとあらゆる分野でフェアトレード商品の開発が進んでいるのがイギリスである。

　1990年代まではむしろフェアトレードについては普及が遅れた国というイメージがあったイギリスであるが，小売店や飲食店の店先に並ぶ商品のパッケージに記されたフェアトレード認証マークを毎日のように目にし，メディアで頻繁に取り上げられるフェアトレード情報を折りに触れて耳にしたイギリスの消費者たちは，この国を2010年代にはスイスやアイルランドと並ぶフェアトレード先進国に成長させていた（写真2-5，6，7，8）。

　フェアトレード商品市場の規模，国民1人あたりのフェアトレード商品購入額において，日本はイギリスの数十分の一以下のレベルにとどまっている（図表2-1）。これはエシカル消費の普及という点での両国の差を象徴的に表すものでもあるが，日本の消費者も，例えば環境問題についての意識は決してイギリスの一般的消費者のそれに劣るものではないように感じられる。かつてはスーパーマーケットのレジ袋やデパートの過剰包装が当たり前であった日本の

写真2-5　イギリス生協のフェアトレード・バナナ（左）
写真2-6　イギリス生協のフェアトレード・ワイン（右）

筆者撮影。

写真2-7　スイス・ミグロ生協のフェアトレード・オレンジジュース（左）
写真2-8　コープ・スイスのフェアトレード紅茶（右）

筆者撮影。

　消費社会においても，いまや繰り返し使える買い物袋（エコバッグ）を持参したり，余計な包装を断ったり，容器包装のリサイクルに取り組んだりするなど，環境を意識した消費行動をとる消費者が多数派となっているのである。
　言い換えれば，フェアトレードが取り組む南北問題のような環境問題以外の

第2章 エシカル消費とフェアトレード

図表2-1 　各国市場における国際フェアトレード製品の売り上げ

フェアトレード認証商品の市場規模と国民一人あたりの売上高（2011年）			
国民	市場規模	国民一人あたり	人口（億人）
アイルランド	176億円	3,945円	0.04
スイス	294億円	3,834円	0.08
イギリス	1,663億円	2,681円	0.62
フィンランド	114億円	2,124円	0.05
スウェーデン	149億円	1,590円	0.09
デンマーク	83億円	1,498円	0.06
オーストリア	111億円	1,322円	0.08
ノルウェー	60億円	1,219円	0.05
オランダ	164億円	984円	0.17
ベルギー	85億円	798円	0.11
カナダ	222億円	652円	0.34
オーストラリア／ニュージーランド	167億円	626円	0.27
フランス	350億円	558円	0.63
ドイツ	445億円	540円	0.82
アメリカ合衆国	1,144億円	369円	3.10
イタリア	64億円	105円	0.61
韓国	19億円	39円	0.48
日本	22億円（※62億円）	17円（※49円）	1.27

※1ユーロ111円計算。
※売り上げの市場規模の計算方法を，焙煎コーヒーの売り上げ量の計算から，レストランなどで販売されるコーヒー，紅茶を1杯250円で計算しなおした数字。
出所：国際協力NGO「わかちあいプロジェクト」。

社会問題に対しても，我々は消費者の立場から積極的に関与することができるし，それは先進経済の恩恵を受けて暮らす消費者の責任でもあるということがもっと広く，わかりやすく示されさえすれば，日本の消費者においてもフェアトレードの運動と商品がもっと身近なものになり得るはずである。フェアトレード先進国とフェアトレード後進国とのあいだにある商品普及度の差は，そ

図表2-2　フェアトレードへの信頼度*（国別）

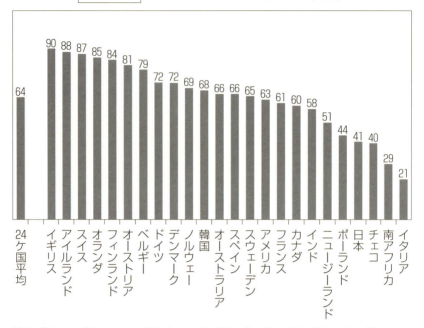

* "Trust" includes 3+4 on a scale of 1 to 4, where 4 is "A lot of trust" and 1 is "Not trust at all."
Source:Fairtrade International and GlobeScan.

出所：GLOBESCAN。

れぞれの国におけるフェアトレードという運動の認知度と理解度と信頼度の差でもある（図表2-2）。

　イギリスの生協やそれに倣った流通業は，環境にやさしいエコバッグを制作し，顧客に販売して普及するにあたって，その原材料にフェアトレード・コットンを採用した（写真2-9）。つまりこのバッグは，地球環境にやさしいだけでなく，第三世界の綿花生産者にもやさしいバッグだということである。こうした布製品では原材料のコストはわずかであるから，それをフェアトレード品に置き換えても，著しく高価なものになってしまうわけではない[1]。フェアトレード・コットンバッグは生協の店頭で，1枚1ポンド（百数十円）で販売されていた。誰もが無理なく購入できる価格で，センス良いデザインでフェア

写真2-9 イギリス生協のフェアトレード・コットンバッグ

筆者撮影。

レードを訴える買い物袋を提供することにより，イギリスの生協はフェアトレードを先導する企業としてのイメージをますます高めることができたのである。

　このように，消費者が容易に，日常の買い物をしながら環境問題や南北問題に意識して取り組めるような仕掛けを用意することが，21世紀における流通業の新たな社会的責任として求められている。

2-3　認証型フェアトレードと民衆交易

　そもそもフェアトレードとは，どう定義されるものだろうか。

　欧米の消費者の視点で，現状を踏まえてできるだけ簡単に説明するとすれば，それは「フェアトレード認証マークがつけられた商品を購入すること」となるだろう（写真2-10）。ヨーロッパでは，フェアトレード品といえば国際的な認証を受けた，マーク付きの商品のことであり，それらを販売したり購入したりすることこそが，フェアトレードの運動に賛同し，第三世界の生産者を国際的に支援する事業活動に参加することだと考えられている。

　この認証マークを推進している「フェアトレード・インターナショナル（FLO：旧称・国際フェアトレード・ラベル機構）」「世界フェアトレード機関

写真2-10　フェアトレード認証マーク

筆者撮影。

(WFTO)」「ヨーロッパ・フェアトレード連盟（EFTA）」のネットワークは，フェアトレードを次のように定義している。

「フェアトレードは，対話，透明性，敬意を基盤とし，より公平な条件下で国際貿易を行うことを目指す貿易パートナーシップである。特に『南』の弱い立場にある生産者や労働者に対し，より良い貿易条件を提供し，かつ彼らの権利を守ることにより，フェアトレードは持続可能な発展に貢献する。フェアトレード団体は（消費者に支持されることによって），生産者の支援，啓発活動，および従来の国際貿易のルールと慣行を変える運動に積極的に取り組む事を約束する。」[2]

そして**図表2-3**のような「国際フェアトレード基準」を設け，これにすべて適合している生産と取引が行われていることを検査・確認できた生産物について，フェアトレード認証ラベルを貼付し表示することを認めているのである。

「経済的基準」にあるように，国際フェアトレード基準では一般的な貿易取引でよくみられるような先進国（消費側）による途上国（生産側）の生産物の買い叩きが許されない。商品を公正な価格，すなわち生産者が再生産可能な水準の価格（「フェアトレード最低価格」）で買い上げることが絶対の条件であり，さらに「フェアトレード・プレミアム」という形で，産地の社会開発を支援する奨励金への拠出を支払いに上乗せすることも求められる。資金の蓄えが十分

図表2-3　国際フェアトレード基準

経済的基準	社会的基準	環境的基準
・フェアトレード最低価格の保証 ・フェアトレード・プレミアムの支払い ・長期的な安定した取引 ・前払い	・安全な労働環境 ・民主的な運営 ・労働者の人権 ・地域の社会発展プロジェクト ・児童労働・強制労働の禁止	・農薬・薬品の使用に関する規定 ・土壌・水源の管理 ・環境に優しい農業 ・有機栽培の奨励 ・遺伝子組み換え（GMO）の禁止

出所：フェアトレード・ラベル・ジャパン（FLJ）。

でない零細生産者が大部分であるから、収穫や取引の前に代金の一部または全部を「前払い」で支払うことも必要であるし、短期の一時的な取引では生産者が計画的な生産ができず、継続的な支援にならないとして、「長期にわたる安定した取引」をすることも消費側には要求されている。

また「社会的基準」をみれば、往々にして軽視される第三世界の人々の「労働環境」や教育を受ける権利等々の「子どもたちの人権」に対して、フェアトレードが非常に力を入れていることが明らかであろう。さらに「環境的基準」には、生産者と生産地に健康的で持続的な環境を提供することもフェアトレードの必須の条件であることが謳われている。

要するに、数ある商品のなかからフェアトレード認証マークがついた商品を選んで買えば、その商品を途上国で生産する人々の手取り収入が増え、その家族が安心して暮らせるようになり、現地の環境保護にもつながり、第三世界を永続的に支援することになる、ということである。認証マークを武器として、このように単純でわかりやすい仕組みをつくりあげることで、ヨーロッパにおいてフェアトレードは社会的認知を獲得し、一大事業へと発展することができたのだった。

ところがヨーロッパと同様の経済先進国に分類される日本においては、こうした認証商品を一般の消費者が自分の行きつけの店で見つけることはきわめて困難であろう。大手スーパーでもっとも取り組みが進んでいるイオン・グルー

プのスーパーマーケットにおいても，コーヒーなどわずか数品しかフェアトレード・マークがついた商品は並んでいないというのが通常であるし，イギリスやスイスなどヨーロッパ諸国ではフェアトレードの先頭に立つ生活協同組合においても，店頭やカタログにフェアトレード商品があふれているかといえば，そんなことはない。日本の大手生協が毎週組合員に配布しているカタログをみても，およそ2,000点の掲載品のうち，フェアトレード商品は一つもないというケースは決して珍しくないのである。

　これは日本社会におけるフェアトレードに対する理解がヨーロッパと比べてまだまだ著しく遅れていることの反映でもあるが，それだけでなく，途上国の自立支援について市民グループや生活協同組合が抱く考え方の相違がこうした状況を生んでいると考えるべきであろう。日本にも市民や消費者の立場から南北問題を考え，行動を起こそうという人々は大勢いる。しかしその多くは，ヨーロッパで進められている認証型のフェアトレードにむしろ批判的なのである。

　大手流通業や外食産業などが参加して大々的に展開されている認証型のフェアトレード事業に対しては，これが南北問題の真の解決に貢献するものなのか，日本国内に限らず，しばしば熱心な運動家や研究者から疑問と批判が投げかけられている。

　例えば，フェアトレードは本当に支援が必要な人々を対象にしているのか，そういう人々が実際に参加している運動・事業なのかという批判である。第三世界の膨大な数の生産者のうち，現状ではごくわずかな人々だけがフェアトレードに組み込まれているが，もっとも支援が必要なのは極貧層であるのに，そういう層の人々はフェアトレード認証を受けるための費用を支払うことさえできず，排除されている。大規模な流通業者がマーケティング上必要とするような産品だけがフェアトレード商品あるいはその原材料として求められており，産地や生産者の事情は二の次にされている。結局は企業のイメージアップの道具としてフェアトレードは使われているのではないか。先進国における特定のフェアトレード品への需要の増大がかえって途上国の生産構造を歪めてしまう

ことにもなりかねない。フェアトレードにおける長期的な取引の保障はむしろ国際分業体制を固定化するのではないか。そんな疑問を次々に投げかけることもできるだろう。

　大規模な組織で特定の基準を定め，それをクリアしたものを認証するというシステムは，現実にある問題点を全く顧みずに物事を機械的に処理し，本来の目的を無視して数字上の成果だけを追求する代物に転化してしまう危険性を孕んでいる。これはフェアトレードに限ったことではない。本章冒頭で紹介したフリーレンジ・エッグについても，ヨーロッパの大規模チェーンストアへの供給システムに組み込まれたフリーレンジの養鶏では，ニワトリの習性を無視した大規模化・効率化が追求された結果，形式的な数字上・面積上の基準はクリアしているけれども実際にはニワトリの飼育環境は最悪となっているケースが多々あることが暴露されている[3]。

　現地の個別事情を一切捨象して厳格な基準を設けることにはメリットもあればデメリットもある。児童労働を禁止するという誰もが納得する基準であっても，現実に家族全員で働かなければ生活が成り立たないような環境の下で，現にそういう枠組みの中で仕事を組み立てて生活を営んでいる家族に対して，子どもを少しでも働かせているなら我々の仕組みに参加することはできないと言い放つことがはたして100％問題なく正しい態度なのか，議論の余地があるだろう。

　必要なのは画一的な基準を設けて認証することではなく，親密な人的な関係をつくりあげながら個々の事情を勘案した話し合いを重ね，民衆同士のより良い交易関係を模索していくことではないのか。日本の市民団体や生活協同組合はこうした考えに立って，ヨーロッパ型とは異なるタイプの第三世界の生産者自立支援のシステムをつくりあげていった。砂糖価格の暴落によるフィリピン・ネグロス島の飢餓状況を支援する日本の市民たちの取り組みは，1989年，日本版フェアトレードともいえる「民衆交易」の専門商社「株式会社オルター・トレード・ジャパン（ATJ）」の設立へと発展する。

　生活クラブ，パルシステム，グリーンコープといった中小規模の"こだわ

り"の生協の連合会が産直組織「大地を守る会」とともに共同で出資者となっているATJは，ネグロス島に自生する「バランゴンバナナ」や，インドネシアの現地環境を害さない養殖による「エコシュリンプ」(エビ)を主力に，独自の公正な国際交易を進めている。国際基準上のフェアトレードとは一線を画し，その認証システムに則らずに独自に取り組まれている民衆交易と呼ばれる運動が，日本国内ではむしろフェアトレードの主流を形成しているのである。

2-4　フェアトレードから学ぶべきこと

　先進国に暮らす人々と第三世界の人々が人的交流を重ねることで，それぞれの生活と経済を見直し，改善していこうという，交流を主眼とした日本版フェアトレードは，ヨーロッパの「認証型フェアトレード」に対置して「提携型フェアトレード」と呼ばれることもある。ヨーロッパ諸国で展開される認証マークに基づくフェアトレード事業においても，草の根的な活動を含めてさまざまな産地との提携が追求されているから，こうした命名には問題もないわけではないように思われるが，認証マークこそがフェアトレードであるというような単純な捉え方をするのではなく，フェアトレードには多様なあり方があり得るのだということを理解することは重要であろう。

　日本における民衆交易の経験の積み重ねの中には，ヨーロッパ的な認証型フェアトレードも大いに参考にすべき事例と教訓が多々あるのである。ただしその最大の課題が，普及率の低さ，社会への浸透にあることは誰の目にも明らかである。

　イギリスでは，マークス＆スペンサーのようにコーヒーはすべてフェアトレード品に切り替えたという大手流通業があるし，あのスターバックスコーヒーも店頭で，我々は100％フェアトレード豆を使用しており，一般的なコーヒー豆は一切使っていないと消費者にアピールしている。フェアトレード品は一部の専門店だけでなく，こうしたメジャーな店舗でも当然のように販売されており，鉄道の車内販売でさえ，フェアトレード品の使用が広がっている（**写**

第 2 章　エシカル消費とフェアトレード

写真2-11　イギリス・バージン鉄道の車内販売

筆者撮影。

真2-11）。

　そんな状況と対照的なのが日本の社会であり，一部関係者の熱心なこだわりが，逆にフェアトレードを一部の人だけの運動とする状況を招いてしまったことは否定できない。

　現地の農業構造や生態系を乱してはいけないということで，自生していて食用とはされていなかったバナナを収穫することで始まったATJのバランゴンバナナ事業では，熱心な生協組合員＝エシカル・コンシューマーに支えられて，当初は小さく黒ずんだ，場合によっては半ば腐りかけているようなバナナを，一般市場のバナナとはかけ離れた高価格で取り扱っていた。それでも組合員は「買い支える」のだというのが，（ヨーロッパ的なフェアトレードも取り込まれている）「産業の論理」ではなく「運動の論理」なのだとされたのだが，そうした論理を受け入れる余裕がある消費者は実際にはごく限られている。そこでこの民衆交易においても，より消費者が利用しやすい形に改良する模索が重ねられてきた。それと並行して，一部の研究者のみが知る存在であったフェアトレードが日本国内においても徐々に認知度を高め，すくなくとも知識レベルでは，特に若年層・学生たちの間で10年前，20年前とは比較にならないくらい，フェアトレードという事業・運動に触れたことがあるという人々が激増してい

る[4]。

　そこには，大学でのゼミや講義におけるフェアトレードについての言及や，大学生協に集まった学生たちによる学生食堂等を通したさまざまな取り組み，ボランティアやサークル活動での経験等々が大きく影響しているのではないかと思われるが，そんな学生たちでも，大学のキャンパスの外でフェアトレード品を手に取ったことがあるという学生は未だ少数にすぎない。利用したくても利用できないという声は，欧米でのフェアトレードの普及状況が国内で紹介されるときに現在でも必ず聞かれる声である。認証マークを探して買い物をするだけで，消費者が途上国の貧困問題にわずかであっても関与できる。そんな仕組みをつくり，社会全体に普及させることができたヨーロッパ諸国のフェアトレードの取り組みに，日本の運動も学ぶべき点はあるだろう。

　つまりフェアトレードには，第三世界の人々の生活状態を実際に改善するというだけでなく，先進諸国で暮らす消費者たちに，第三世界の実態を知らしめ，その問題の解決を先進国の人々も共に考えなくてはならないということを啓蒙する使命も課せられている。認証型といわれるフェアトレードがもたらした最大の成果は，もしかしたらここにあると言えるのかもしれない[5]。それはあらゆる社会問題に対して消費者の関心を惹起させる可能性を持つエシカル消費全体についてもいえることである。

　フェアトレードと比べて，まだまだその概念が知れ渡っていないのがエシカル消費であるが，ここ1，2年，急激にその認知度が高まっている。メディアでエシカルが特集される機会が増え，ついに2017年6月には，日本の生協のほとんどを傘下に持ち，2700万世帯という膨大な消費者組合員を抱える日本生活協同組合連合会が，総会で「エシカル消費（倫理的消費）の具現化と認知度向上」という方針案を決議した。これを受けて，全国の生協では一斉に，エシカルとされる商品の販促が始まるとともに，倫理的消費とは何かを学ぶ活動が始まった[6]。なかには，なぜこの商品がエシカルとされるのか疑問を持たざるを得ないカタログのコーナーなども散見されるし，この程度のものをエシカルと称するのは困ると日本生協連を批判する"こだわり"の生協もあるが，草創期

に混乱はつきものであろう。

　ヨーロッパの認証型のフェアトレードと日本の交流型の民衆交易とが，社会問題の解決に実際に寄与するという点で，そして問題の存在と重大性を社会のなかに広く啓蒙するという点で，いかなる貢献をなしてきたのか。また，そこにはいかなる課題が生まれたのか。これからエシカルを実践しようという人々は，そこから多くのことを学べるはずである。

1　そういう点で，今後フェアトレードの普及が最も期待できるのは，コスト競争が激しい食品分野よりもむしろ衣料品分野ではないだろうか。途上国の生産者の犠牲の上に成り立っている「ファストファッション」が現状では主流を占めているが，これに代わるエシカル・ファッションとしてフェアトレード製品を若者に広めることは，ちょっとした仕掛けづくりを工夫することによって，十分に可能であろう。

2　「フェアトレード・ラベル・ジャパン（FLJ）」，http://www.fairtrade-jp.org/about_fairtrade/000012.html，2017年11月15日閲覧。

3　アルヴァイ（2014）。本書では，ヨーロッパの有機農業が大手流通業主導で進められることにより「オーガニック」基準がいかに形式的なものと化しているかが体験取材による実例を示して説かれている。

4　現在では卒業論文の格好のテーマとして，どこの大学でも多くの学生たちがフェアトレードについての調査・研究に取り組んでいるが，2008年のチョコレボの調査では，「日本でフェアトレードの認知度が高い集団は，40歳前後の女性で高い学歴をもち都市部に居住するという特徴がある」という結果が出たという。これはベルギーで行われた別の認知度調査の結果とも一致している。学歴とフェアトレードの認知度との相関関係を示す調査・研究結果からは，「倫理的消費者を社会に増やすためには，教育や啓蒙活動によって消費者の知識や情報を増やすことが重要」であることが確認できるのである（佐藤編　2011, pp.76-77）。

5　だからこそ，イギリスのスーパーマーケット業界で最もフェアトレード製品の取り扱いが大きかったセインズベリーが，今後は国際認証を受けたフェアトレード品を扱うのではなく，自社独自で認証基準を設けて社会的責任を果たすという方針転換を2017年に表明したとき，同社には非難が殺到したのであろう。誰にでもわかりやすく，明確な基準を掲げ，社会に対する透明度をもって事業を展開することがフェアトレードでは最も大切なことだとされているのに，セインズベリーが独自で進めるFairly traded構想ではそれが保証されなくなってしまうといった激しい批判が市民やメディアのあいだで巻き起こったのである。

6 日本生協連が制作した学習用ビデオ「エシカルってな〜に?」は,各生協のウェブページやYoutube (https://youtu.be/QmjVri8I31o) などの動画サイトで閲覧できる。

◆参考文献

アルヴァイ,クレメンス・G (2014)『オーガニックの裏側:21世紀食品産業の真実』春秋社。
伊藤和子 (2016)『ファストファッションはなぜ安い?』コモンズ。
岩槻由香・白木朋子・水寄僚子 (2007)『わたし8歳,カカオ畑で働きつづけて:児童労働者とよばれる2億1800万人の子どもたち』合同出版。
ウッドマン,コナー著,松本裕訳 (2013)『フェアトレードのおかしな真実:僕は本当に良いビジネスを探す旅に出た』英治出版。
オックスファム・インターナショナル著,日本フェアトレード委員会訳 (2003)『コーヒー危機:作られる貧困』筑波書房。
オルタトレード・ジャパン特集 (2007)「フェアトレードの現在」『季刊at』8号。
GLOBESCAN, https://globescan.com/high-trust-and-global-recognition-makes-fairtrade-an-enabler-of-ethical-consumer-choice/,2017年11月15日閲覧。
国際協力NGO「わかちあいプロジェクト」,
　http://www.wakachiai.com/information/2012/2012_10.11.html, 2017年11月15日閲覧。
佐藤衆介 (2005)『アニマル・ウェルフェア:動物の幸せについての科学と倫理』東京大学出版会。
佐藤寛編 (2011)『フェアトレードを学ぶ人のために』世界思想社。
椎名公三 (1997)「生活クラブにおけるフェアトレード:民衆交易の実践」『生活協同組合研究』259号。
辻村英之 (2013)『農業を買い支える仕組み:フェアトレードと産消提携』太田出版。
鶴見良行 (1982)『バナナと日本人:フィリピン農園と食卓のあいだ』岩波新書。
長尾弥生 (2008)『みんなの「買う」が世界を変える フェアトレードの時代:顔と暮らしの見えるこれからの国際貿易を目指して』コープ出版。
長坂寿久編著 (2008)『日本のフェアトレード:世界を変える希望の貿易』明石書店。
中田哲也 (2007)『フード・マイレージ:あなたの食が地球を変える』日本評論社。
長田華子 (2016)『990円のジーンズがつくられるのはなぜ?:ファストファッションの工場で起こっていること』合同出版。
ニコルズ,アレックス&オパル,シャーロット編著,北澤肯訳 (2009)『フェアトレード:倫理的な消費が経済を変える』岩波書店。
畑山要介 (2016)『倫理的市場の経済社会学:自生的秩序とフェアトレード』学文社。
フェアトレード・ラベル・ジャパン (FLJ),

http://www.fairtrade-jp.org/about_fairtrade/000015.html，2017年11月15日閲覧。
村井吉敬（1988）『エビと日本人』岩波新書。
村井吉敬（2007）『エビと日本人Ⅱ：暮らしのなかのグローバル化』岩波新書。
ランサム，デイヴィッド著，市橋秀夫訳（2004）『フェアトレードとは何か』青土社。
渡辺龍也（2010）『フェアトレード学：私たちが創る新経済秩序』新評論。

（杉本貴志）

第 3 章

エシカルな地域づくり
―― 地域を育む民泊

3-1 課題先進地域・陸前高田でエシカルな民泊修学旅行

(1) 課題先進地域・陸前高田市

　陸前高田市は大船渡市，住田町，一関市，および宮城県気仙沼市に接し，岩手県の東南端および宮城県との県際に位置している。気候は三陸沿岸に位置しているため，四季を通じて比較的温暖である。市の総面積は231.94㎢で，その約7割は森林である。高田町，気仙町，広田町，小友町，米崎町，矢作町，竹駒町，横田町の8町で陸前高田市は構成されている[1]。

　陸前高田市は，東北地方太平洋沖地震により発生した津波によって甚大な被害を受け，いまだに震災からの復興途上にある。行方不明者含む犠牲者数は人口24,246人の7.2%にあたる1,757人。津波による被災世帯数は全8,069世帯のうち50.4%にあたる4,063世帯に達し，うち3,801世帯が全壊であった。地震による被災世帯数は，全8,069世帯の49.1%にあたる3,967世帯に達し，うち3,943世帯が一部損壊であった。地震と津波によって陸前高田市の全世帯の99.5%が被害にあった[2]。

　2010年と2015年の国勢調査を使って，陸前高田市の震災前後の人口の変化を

追うと次のようになる。震災の前年（2010年）には，23,300人であった人口は，震災後の2015年には3,542人減少して，19,758人となり2万人を切ってしまっている。この人口減少は震災以前から生じていたが，震災がそれに拍車をかけた形になっている。

　高齢化と少子化も震災以前から進んでいるが，震災の前後2010年から2015年にかけて，高齢化率（65歳以上の人口比率）は34.9%から36.8%へ約2ポイント上昇する一方で，年少人口率（15歳未満の人口比率）は11.7%から9.9%へ約2ポイント下降している[3]（図表3-1）。これを岩手県および全国と比較すると，岩手県15歳未満11.9%，65歳以上30.4%，全国15歳未満12.6%，65歳以上26.6%（2015年）となる[4]。少子高齢化は今日，日本社会全体にとって人口減少につながる深刻な課題とされて久しいが，陸前高田市は全国平均よりも岩手県全体よりも，人口減少と高齢化・少子化が進んでいる「課題先進」地域なのである。

図表3-1　陸前高田市における年齢別人口と高齢化率の推移

出所：陸前高田市「平成27年国勢調査」，http://www.city.rikuzentakata.iwate.jp/kategorie/gaiyou/toukei/kokusei-tyousa/kokusei-tyousa.html，2017年11月24日閲覧。

(2) 岩手県最大規模の民泊修学旅行受け入れ

　陸前高田市では今，地域を育む民泊事業が始まっている。2016年から陸前高田市は神奈川，東京，千葉などの都市部の修学旅行生たちの民泊（民家での宿泊体験）を受け入れている。その規模は，2016年度5校約750名，2017年度10校約1,750名となっており，初年度からすでに岩手県最大規模で実施されている[5]。

　「修学旅行」と聞けば，居住地や年代によっては京都・奈良の神社仏閣の見学，観光地での班別行動，あるいは，東京ディズニーランドやUSJを思い浮かべるかもしれない。しかし近年，都市部の小中学校および高校において，農林漁家に宿泊して農山漁村での暮らしと仕事を体験する「農林漁家民泊」（農家民泊）が核となる「体験教育旅行」（修学旅行）が増えている[6]。

　ここで言う「民泊」とは，旅館業法等の営業許可を得ずに人を宿泊させることを指す[7]。現在，都市部では貸し手が投資を目的として，つまり自己利益のためにAirbnbのサービスを利用して多数「民泊」サービスに参入したため，「違法民泊」「ヤミ民泊」として問題となった。そのため，これまでグレーゾーンであったこの「民泊」を規制する法整備（住宅宿泊事業法，いわゆる民泊新法）が図られている。

　ただし，本章で扱う農林漁家民泊は，岩手県が2005年に定めたガイドライン（農林漁家への民泊に係る取扱指針）[8]によって，旅館業法等の営業許可を得ずに民泊を受け入れても適法性は確保されている。

　こうしたガイドラインは他県でも策定されたが，いずれも宿泊料等の徴収を認めず，徴収できるのは体験料である。営業許可を得ていない分，非営利性や利用者（＝宿泊者）に対する安全性確保に配慮するよう厳しい制約が課されている。その制約とは，①利用時の市町村など公的機関の関与，②年間の受け入れ回数の制限，③衛生管理講習の義務化などである[9]。

　陸前高田市でこの民泊事業を推進する組織は，現在は一般社団法人マルゴト陸前高田とNPO法人SETである。両者はそれぞれ，民泊事業を進めるねらいを下記の通り説明している。

マルゴト陸前高田が2016年9月に「陸前高田での民泊事業について」と題して関係者向けに発行した説明文書では「陸前高田市にもたらしたい効果」として以下の4点が掲げられている。
- これまで受け入れができなかった大型の団体を，市内に宿泊させる。
- 民泊家庭だけでなく，市内に広く経済効果をもたらす（振興券，本部宿泊など）。
- 引退世代が生産人口になることができる。
- これまでにない「深い交流」から多くのリピーターを生み出す。

SETが広田町で民泊事業に取り組む理由は下記の通りである[10]。
- 広田町の人と外部の人の深い繋がりを創る。これにより，交流人口の増加および移住者・訪問者の増加をはかる。
- 広田町内の家庭に直接お金を落とす。これにより町への経済効果を起こす。
- 町の人が民泊をきっかけに町のことを考えたり，話したりすることで町への愛着を強める。
- 他の人を泊めて，その人に愛情をもって接することで良いものは良い，悪いものは悪いと外の人に言えるようになる。これらにより，郷土愛を持ち，自分の思っていることを外に話せる人材を創出する。

　要するに，陸前高田市が民泊事業を進めるのは，交流人口の増加と正の経済効果および自信と誇りの再建と言えよう。本書で言う「エシカル」とは「地球，人，動物，地域社会，伝統文化，将来世代などを尊重（配慮）した行動」，「自己利益を超えた他者への配慮や尊重」を指す。この民泊事業は，地域社会，将来世代を尊重・配慮した地域づくりである。本章では，この民泊修学旅行事業を取り上げたい。

3-2　1泊2日の民泊で修学旅行生が変わる

　ここで，陸前高田市で1泊2日の民泊（民家での宿泊）を体験した修学旅行生（高校2年生）たちの感想を紹介しよう。

「2日目，いよいよ嫌で仕方がなかった民泊。不安な気持ちをしかありませんでした。陸前高田の人たちはみんな私たちを心よく迎え入れてくれて，精一杯歓迎してくれました。そして気づけば不安だった気持ちが，ほっとした気持ちと，楽しい気持ちに変わっていました。自分でもよく分からないくらいの安心感がありました。そうしていたら本当にあっという間に民泊がおわり，お別れの時がきました。バスの中で一生懸命手をふって泣いている自分がいました。」

「私がこの修学旅行で一番印象に残っているのは民泊です。ディズニーランドや東京自主研修はとても楽しかったのですが，学んだことはあまりありません。それに比べて民泊は本当に良い経験になったし，勉強になり修学旅行という言葉にぴったりだと思います。」

「離れる時は，寂しすぎて涙が出てくるくらい充実した1泊2日でした。岩手に住む第2の母親みたいな存在の人ができて嬉しかったです。」

これらの感想によく表現されているように，民泊を嫌がったり不安がったりした生徒にとっても，いざしてみると一転して安心して，別れる際には涙するほど民泊先の家庭が好きになって居場所となる。しかも，それが一過性の「思い出づくり」にとどまらず，修学旅行後に民泊先の家庭と手紙のやりとりが続いたり，自費で再び民泊先を訪れる高校生も現れたりするケースもあるという。

受け入れ家庭のなかには，民泊をきっかけとしたリピーターが多く訪れるようになってしまい，民泊事業の事務局にリピーター料金制度を定めるように要望が出されるほどだ。さらに驚くべきことに，2017年には民泊がきっかけとなり，高校卒業後に陸前高田に移住して農業を始めることを決めた高校2年生まで現れているという[11]。

3-3　シンプルで「ありのまま」「ほんもの」の民泊

修学旅行生が陸前高田で体験する民泊はたいていの場合1泊2日である[12]。1泊2日のプログラムは下記の通りシンプルである。

1．被災と復興の現場をガイド付きで見学（13時〜）
2．民泊先の家族との対面式（はまって会）（14時30分〜）
3．民泊先に移動→生活体験（15時〜翌日11時）
4．民泊先の家族とのお別れ式（ほんでまんず会）（11時〜）

　民泊募集説明会の際の説明資料に「受入の際にお願いしたいこと」として書かれているのは，滞在中は基本的に生徒と一緒に過ごすことと，対面式（はまって会），お別れ式（ほんでまんず会）会場への送迎だけである（**写真3-1，2**）。なお，受け入れ家庭には生徒一人当たり5,500円が体験指導料として支払われることになっている。

　もちろん，すべてを受け入れ家庭任せにするわけではない。民泊受け入れに先立って開催される民泊受け入れ研修・安全講習会が開催され，A4判40ページに及ぶ「陸前高田市民泊受入マニュアル」が，民泊受け入れ家庭に配布される。このマニュアルには民泊にあたっての注意事項（調理指導や作業体験）や安全対策などが詳細に記されている。

　例えば，農作業体験で気をつけることとして，大型機械草刈り機，刈払い機，わら切機，チェーンソーなど動力付き機械は生徒に使用させないことや，農機

写真3-1　民泊修学旅行はまって会（対面式）

出所：マルゴト陸前高田提供。

具や農具について「正しい使い方と手足の構えなどの説明，禁止行為の説明，安全な場所での実施，まわりの人の位置確認，長袖・長ズボン・軍手等の着用を徹底し，一緒に作業を行いましょう」といったことも記されているほどである。

　しかしながら，民泊中の生活体験の内容は受け入れ家庭に任されている。民泊推進組織は受け入れ家庭に「信じて任せる」形となっている。この意味を考えるために，上記のマニュアルに掲げられている受け入れの心構えを以下に見てみよう。

- マニュアルなどに頼らない，その家庭ならではの対応による「心の交流」を通して，お互い楽しく過ごすことに意味があります。
- 民泊ではありのままの暮らしを，ありのままに体験できることが魅力です。
- しかし，何もしなくていいというのではなく，子供たちの安全・安心を考えた，「心遣い」が必要になります。
- また「おもてなししなくては」と思いすぎたり，他の家庭の対応を気にしすぎてしまうと，双方とも疲れてしまう原因になってしまうため，普段の生活のペースを崩さず，できる範囲で対応していきましょう。

写真3-2　民泊修学旅行ほんでまんず会（お別れ式）

出所：マルゴト陸前高田提供。

- 私たちの家に来てくれて，とてもうれしいですという気持ちが，表せれば，それだけで十分なおもてなしです。
- 子供たちと接するときは，なるべくお客さん扱いはせず，親戚の子どもが来たと思って，普段通りの生活を体験させてください。
- 積極的に話しかけて楽しい雰囲気をつくり，民泊者の緊張をほぐしましょう。
- 出迎えや見送りは，家族全員で玄関先に出て行いましょう。
- 第二の親として，悪いことは叱り，良いところは褒めてあげましょう。

　この「心構え」は，民泊に来た修学旅行生を親戚の子どものように扱い，ありのままの暮らしを，ありのままに体験させることを強調している。このことは，民泊修学旅行をすでに行っている地域でも強調していることである。例えば，同じ岩手県の花巻市では，民泊修学旅行は「あるがままの農業・農村体験＝まやかしではなく，本物に触れられる機会」であることが強調され，子どもを「お客さん」扱いせず，一緒に生活する「家族」同様に接すること，子どもと生活している間は悪いことは悪いと叱り，子どもからプライベートなことや学校の悩みなどの相談があるときには，真剣に耳を傾けることを心がけるとされている[13]。

　受け入れ家庭が，ありのままの暮らしを，ありのままに修学旅行生たちに体験させる。このことは民泊修学旅行にとって最も重要なポイントである。なぜなら，生徒たちにとっては当たり前ではないどころか体験したことすらないが，陸前高田で当たり前のようにある生活と自然のリアル，本物に触れるだけでなく，そこに身を置くことになるからである。例えば，自分が食べる野菜を畑から収穫して，料理をつくることや，家族全員で食卓を囲む一家団欒や，夜見上げると一面に星が広がる空。

　民泊中の生活体験の内容が受け入れ家庭に任されているのは，こうしたありのままの暮らしを，ありのままに修学旅行生たちに体験させるためなのである。後に示すように，陸前高田における民泊の受け入れ家庭のありようはきわめて多様である。そうした多様な受け入れ家庭に，民泊中の生活体験の内容を指定

することは「ありのまま」ではなくなってしまう。「ありのまま」の生活には「ありのまま」の感情の表出とその変化が現れ、このことでより濃密な時間となる。この民泊ではこうした「心の振れ幅」（感情の起伏）を大事にしているという。

　一方で、民泊中の生活体験の内容を受け入れ家庭に任せることは、それぞれの家庭の事情に合わせた体験内容にすることができるので無理がない。それぞれの家庭で体験内容を考案しなければならないのも事実であるが、上記「心構え」にしたがって親戚の子どものように扱うイメージや民泊受け入れ家庭仲間に支えられて考案・実行することで、受け入れ家庭の主体性が育まれると考えられる。

3-4　陸前高田でどのようにして民泊修学旅行が始まったのか

　陸前高田で民泊事業が始まった背景には、2011年3月11日に発災した東日本大震災がある。日本全国と海外から、復興支援のために震災前よりも多く人々が訪れるようになり、陸前高田に暮らす人々と外部の人々との交流の機会が格段に増えたが、ホテルや旅館などの宿泊施設の不足から宿泊機会が限られていたことがあげられる。

　民泊事業が始まったきっかけとしては主として3つある。第1に、2011年3月からの広田町を拠点とする三井俊介氏を中心とするNPO法人SETの取り組み、第2に、2014年4月に発足したまるごとりくぜんたかた協議会（現マルゴト陸前高田）の取り組み、第3に、2014年10月の民泊修学旅行を企画・実行してきた専門家の陸前高田への訪問である。

(1)　三井俊介氏を中心とするSET

　第1に、三井俊介氏を中心とするSETの取り組みがあげられる。SETは東日本大震災発生直後の2011年3月13日に設立され、4月に広田町に入った学生を中心とした支援組織である。活動を続ける中で、SETの共同創設者の一人で

あった三井俊介氏が「50年後には広田町はなくなるかもしれない」という住民の声を聞き，「自分の人生を放り込んで，道なき道を行く」と覚悟を決めて翌年の4月，大学卒業と同時に広田町根岬地区に移住した。約100世帯の根岬地区としては50年ぶりの移住者となった三井氏は，移住後パソコン教室の開催や地元野菜の通信販売などを手がけた。

震災発生から2年も経たない2012年秋に行われていた「おためし民泊」は，陸前高田における民泊事業の起源として注目される[14]。これは，広田町の村上榮二氏が「民泊というものがあるらしいから，調べてほしい」と三井氏にもちかけたことを機に，「本当にできるかどうかやってみよう」となって，三井氏の東京での知り合いの社会人約10名を呼んで村上宅などに1人1泊5-6千円で泊めてみたという。これがきっかけとなって，東京都文京区の東京大学キャンパスでの広田町産の野菜などの販売の取り組みにつながっていく[15]。

2013年には外部の学生と地元の大人が共に広田町の魅力や課題を発見・解決し，その成果を報告するプログラムChange Maker Study Program（CMSP）を，2014年には陸前高田市に住む中高生と首都圏の大学生が，地域のためになるような企画を共に立案し，実行する「高田とぼくらの未来開拓事業」（通称：たかぷろ）をスタートさせている[16]。

このように代表自らが移住し，首都圏などから学生・若者を連れて来て，広田町に深く関わるSETの取り組みは，地域とSETとの信頼関係を築き上げている。これらのことが，民泊受け入れ家庭の開拓に大きな力を発揮することになる。加えて，この地域に入って問題をともに解決する経験とノウハウは，民泊事業を陸前高田市全域で成功させるための鍵となったと考えられる。

(2) まるごとりくぜんたかた協議会（現マルゴト陸前高田）

第2のきっかけは，まるごとりくぜんたかた協議会（現一般社団法人マルゴト陸前高田）による2014年から始まった教育・研修旅行の受け入れである。まるごとりくぜんたかた協議会は，2014年4月に，陸前高田市観光物産協会内に専門部会として発足した。陸前高田ならではの魅力を生かした滞在型プログラ

ムの構築を進め，企業研修や教育旅行の誘致を初め，個人旅行や体験型プロジェクト等の企画などにより，交流人口の増加による地域の活性化を推進する組織である。この組織を窓口として陸前高田市は2014年度から本格的に教育・研修旅行（69団体，約3,000人）を受け入れた[17]。

　まるごとりくぜんたかた協議会が提供する教育・研修旅行のコンテンツとしては，下記のものがあげられている。震災と復興を伝える語り部ガイド，復興最前線ツアー，民泊，農家ランチ，牡蠣剝きやワカメの芯抜きなどの漁業体験，りんごの摘果，ゆずの収穫，田植えなどの農業体験，産地直売所の営業体験など[18]。こうした多岐にわたるコンテンツの提供は，多くの団体・個人との協働があって初めて実現されることは想像に難くない。なお，コンテンツに含まれている民泊の受け入れが始まったのは2015年であるが，まるごとりくぜんたかた協議会は当初から民泊に着目していたことがわかる。

　こうした，まるごとりくぜんたかた協議会の取り組みによって，陸前高田での学習や研修を希望する多様な外部者による訪問が実現され，陸前高田全域で活動する団体や暮らし働く人々と訪問者とを出会わせることとなった。同時に，まるごとりくぜんたかた協議会に，多様な訪問者のニーズを把握する機会と大人数のハンドリングの経験とノウハウを与えることになった。訪問者にも受け入れ側にも「もっと滞在したい」「宿泊したい」とのニーズがあることを認識させることになる。「陸前高田の人々の魅力が最大の観光資源」であるならば，民泊はその魅力を味わう有力な手段であったのである。

(3) 民泊修学旅行の専門家の陸前高田への訪問

　第3のきっかけは，2014年10月の民泊修学旅行を企画・実行してきた専門家の陸前高田への訪問である。大手旅行代理店に勤務し長年にわたって教育旅行（修学旅行）を担当し，伊江島での民泊修学旅行を実現させてきた竹田英樹氏は，「農山漁村の価値を高め，守る」をミッションとする株式会社And Natureを2014年に創業した。観光業界における農家民泊の需要創造に情熱を燃やし，観光による地域振興をライフワークとする竹田氏は，被災地での民泊は教育旅

行市場において教育旅行本来の目的が実現可能で，ニーズもあると確信していた。同時に被災地にとって修学旅行こそが地域づくりに直結する観光需要であり，その実現のためには「8クラス320名の修学旅行を実際に連れて来る」ことが陸前高田にノウハウが蓄積され，受け入れ組織も整い，同市に持続性を持ったビジネスがもたらされると考えていた。この民泊修学旅行の受け入れ提案をするために，2014年10月に竹田氏は陸前高田を訪れた[19]。

この竹田氏による陸前高田への訪問・民泊修学旅行の提案によって，陸前高田に民泊修学旅行を成功させるための貴重なアドバイスとノウハウがもたらされることになったのである。

(4) 陸前高田全域での民泊修学旅行の受け入れ

これら3つのきっかけが2014年10月から12月にかけて結びつくことになる。まず，10月の陸前高田訪問で竹田氏が三井俊介氏と出会って意気投合し，その場で「広田町でやりましょう」となったという。その2ヶ月後の2014年12月に，広田町のキーパーソンを集めての民泊説明会を開催し，市役所担当者とまるごとりくぜんたかた協議会のスタッフも参加した。その後も数回会合を重ねて，2015年3月に広田町の村上榮二氏を会長として，陸前高田市広田町生活体験推進協議会が設立された。陸前高田での民泊事業については，まることりくぜんたかた協議会を民泊事業の窓口として一本化し，陸前高田全域での民泊修学旅行の受け入れを進めることとなった[20]。

2015年5月には陸前高田市としては初めて，神奈川県立光陵高等学校320名（2016年10月実施）の修学旅行を，続いて同年7月には千葉県船橋市立三山中学校106名（2016年6月実施）と契約した。この2校との契約は陸前高田における民泊事業を推進する上で極めて重要であった[21]。

第1に，目標値が関係者の間で広く共有できたことである。つまり，1年半後に来訪する団体の顔が見えることで，①開拓すべき受け入れ家庭数がはっきりする，②受け入れ家庭への研修や準備がリアルな学校名をイメージしながら行うことができる，③受け入れまでのスケジュールとタスクが明確になる，な

どである。この目標値は初めて受け入れる陸前高田にとって想像以上に大きな負担ではあったが，具体的な目標が決まったことで民泊推進組織としての責任感，スタッフの意識がより高まり，受け入れのための膨大な業務，とりわけ受け入れ家庭の開拓が急速に進むことになった。

　第2に，この需要こそが顧客満足を前提として継続する事業になることである。被災地への観光需要は「思いやり」「かわいそう」「お見舞い」的な要素が強くなりがちで「本当の需要」とは言えないものが多いが，この需要は顧客創造であり継続性がある。

　第3に，この実績は陸前高田の民泊事業の信用を高めて，次の顧客獲得に有利に働いた。特に光陵高等学校は神奈川県内においても影響力が大きく，次年度以降の神奈川県からの来訪につながった。

　2校の民泊修学旅行が決まった2015年5月から，岩手大学モニター民泊14名を皮切りに，少人数の民泊受け入れが本格化していく。現在，陸前高田における民泊修学旅行の受け入れフローは下記の通りになっている（**図表3-2**）。

図表3-2　陸前高田における民泊修学旅行の受け入れフロー

旅行会社からの申し込み → マルゴト陸前高田が調整 →（家庭への依頼　※広田町は広田町生活体験推進協議会が依頼）→ 学校・生徒情報の通知・体験指導料の支払い → 安全講習会・事前連絡会 → はまって会（対面式）→ 生活体験 → ほんでまんず会（お別れ式）→ 反省会

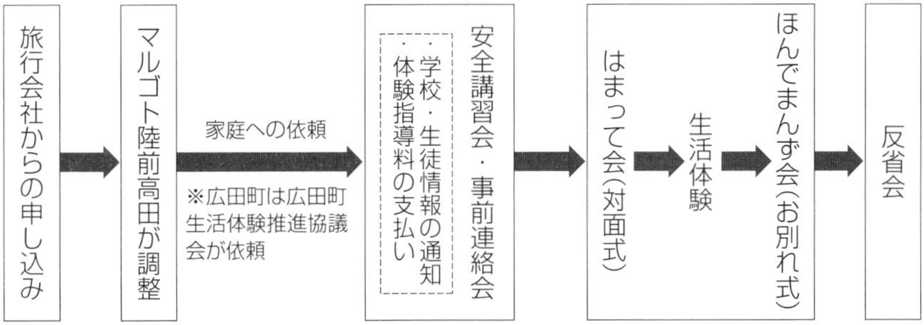

出所：マルゴト陸前高田提供資料をもとに筆者作成。

3-5　民泊受け入れ世帯の確保・開拓

(1)　受け入れ家庭の開拓

　民泊事業を行う上での最大の困難は，受け入れ家庭の開拓・確保だとされている。暮らしを営んでいる家庭に，見ず知らずの他人を迎え入れることに対する抵抗は相当強く，民泊を受け入れるにしても初回は「仕方なく」が多い。現在では民泊修学旅行のモデルとなった南信州（飯田市）においても，立ち上げ時には民泊受け入れのお願いに訪問すると初めは100％断られたという。「1泊だけだから」「来年のことだから」「市としても進めているから」などと説得して，時には土下座までして回った。その結果「まあ仕方がない。1泊ぐらいなら」との思いで民泊を受け入れてくれたという[22]。

　陸前高田の場合もこれと似たような状況にあって，多くの家庭が最初は仕方なく民泊を受け入れたという[23]。にもかかわらず，初年度より岩手県最大規模の民泊修学旅行を実現するに必要な受け入れ世帯を確保できたのはなぜだろうか。この問いに答えるためにまず，民泊を推進したいマルゴト陸前高田およびSETがどのような方法で受け入れ家庭を開拓したのかを見てみよう。

　広田町を担当するSETはいわば「深める」方法，つまり，一度断られても通い続けて受け入れ家庭を増やしていったという。前出の「たかぷろ」に参加している広田町在住の高校1年生が，民泊事業担当者と半日一緒に家庭を回って開拓し，これで2世帯の民泊受け入れOKをもらったこともあるという。広田町出身の大学生が一緒に開拓に回ったこともあるとのことである[24]。こうした結果，SETが担当している広田町における民泊受け入れ家庭数は，2017年12月現在で全1,067世帯中95世帯（8.9％）であり，そのうち常に受け入れている家庭も，60世帯（5.6％）にのぼっている[25]。

　一方で，広田町以外の陸前高田市7町を担当するマルゴト陸前高田は「広める・届ける」方法，すなわち民泊をできるだけ多くの世帯に広く知ってもらう

ことで受け入れ家庭を増やしていった[26]。具体的には，ポスター掲示，市内へのチラシ配布，新聞記事掲載，災害FM放送での呼びかけ，各地区での民泊受け入れについての説明会の開催などである。加えて，各地域で影響力があり，本人も民泊の受け入れをし，民泊家庭の開拓に動いてくれそうなキーパーソンを集めて「キーパーソンズ会議」を結成して，民泊事業についての相談相手かつ応援団を組織したことも注目される[27]。

(2) 民泊受け入れは楽しい

　民泊を受け入れる世帯側の事情については推測の域を出ないが，第1に，震災を契機として復興支援などでの陸前高田市への訪問者（交流人口）が増えて，訪問者と地元住民が交流する機会が日常化し，訪問者慣れしたこと，第2に，震災から数年が経過して，震災と陸前高田が忘れ去られるという危機感，第3に，民泊修学旅行の受け入れが市の方針であったことと，推進組織（マルゴト陸前高田およびSET）に対する信頼があったことが考えられる。

　加えて，シンプルに「民泊受け入れが楽しいから」という理由もあろう。実際に，筆者も参加した2017年12月9日に開かれた小友地区の民泊受け入れ家庭親睦会でも「民泊は楽しい」「どの子もかわいい」「忙しいけど，楽しくて！」「地元の私たちが当たり前に見ている星空や景色に子どもたちは感動する」といった声が，聞かれた（写真3-3）。なお，この親睦会は事務局が開催し，当該年度の民泊がすべて終了した時点で，地区ごとに民泊受け入れ家庭を集めて，意見や要望を出してもらい，感想を交流する場である。

　最初は「私たち（民泊推進組織）がお願いして受け入れていただいている」「仕方なく」であったが「次来るのを楽しみにしている」「民泊をもっとよくするためにどうするか考えるようになっている」民泊受け入れ家庭が増えているという。なかには「民泊は私のライフワークになった」とする受け入れ先もあるという[28]。

　こうした民泊受け入れの心境が初回で一転する現象は，他の民泊修学旅行を受け入れている地域にも見られるものである。例えば，花巻市の受け入れ農家

写真3-3　小友地区民泊受け入れ家庭親睦会（2017年12月9日）

出所：マルゴト陸前高田提供。

にとっての宿泊体験の効果は，金銭収入以上のものがあるとし，受け入れ前は躊躇していても一度受け入れを経験すると，ほとんどが「もう一度受け入れてみたい」となるのが実態のようである。子どもにもらった感動に農家自身がはまってしまい，「子どもが可愛い」「農業をもっと知ってもらいたい」と思う農家が大変いるとしている[29]。

(3) 民泊受け入れは自己肯定感と誇り，自由につながる

　民泊受け入れ側にとっても「楽しい」のはなぜなのか。それは，ありのままの暮らしをありのままに体験してもらうことを通じて，自分たちの普段の暮らしが修学旅行生にとっては驚きと感動をもって受けとめられる。このことが与える効果について，小田切（2009）は以下のように書いている。

　　「（民泊修学旅行を含む都市農村）交流活動は，意識的に仕組めば，地元の人々が地域の価値を，都市住民の目を通じて見つめ直す効果を持っている。それを，都市住民が「鏡」となり，農山村の「宝」を写し出すことから，「都市農村交流の鏡効果」と呼んでみたい。「おばあちゃん，この料理はおいしいですね」「ほんとうに落ちついた，のどかな風景ですね」という来

訪者の言葉が，地域再評価の契機となった例は枚挙にいとまがない。まだ，予断のない子どもたちの「鏡」こそが，ピカピカと反射力が強い[30]。」

この「都市農村交流の鏡効果」によって民泊受け入れ側の自己肯定感が高まり，そこに住み続ける意味や誇りを取り戻すことになっているのではないか。

加えて，もう一つの「楽しい」理由を三井俊介氏はブログでこう語っている。「地元のじいちゃんばあちゃんも地域の中ではいろんな過去の経験から，周りの目とかでできないことがあります。50年も60年も住んでいると，当然「あの人はこういう人だ」と周りから見られて（ある意味決めつけられて）しまいます。しかし，外部の人が自分の家に来て，自分の家の中だけで話すとなれば，今までのことや周りからどう見られているかは関係なくなります。全く知らない人が行くことで，今までの自分ではない自分を出せるのだろうなと思います[31]。」

これまで自分に貼り付けられていたレッテルをはがして，自由になれることも民泊受け入れが「楽しい」理由なのであろう。このことは，民泊に行く修学旅行生にとっても同じかもしれない。

3-6 子育て世代を含む多様な民泊受け入れ世帯

(1) 年齢層も世帯構成も同居世代数も多様

マルゴト陸前高田およびSETが管理している民泊受け入れ家庭リストには，陸前高田市8町245世帯（高田町28，気仙町19，広田町95，小友町20，米崎町39，矢作町21世帯，竹駒町8，横田町15）が登録されている。このリストを見ると，実に多種多様な家庭が民泊受け入れを希望していることがわかる。登録代表者の年代層で見ると，70歳以上77世帯（31.4％），65－69歳57世帯（23.3％），60－64歳36世帯（14.7％）が最も多く，60歳以上が7割近くを占めている。しかし一方で，55－59歳17世帯，50－54歳21世帯，45－49歳4世帯，40－44歳6世帯，35－39歳2世帯，30－34歳7世帯，25－29歳3世帯，25歳未満3世帯と

なっており，幅広い年代層が参加していることがわかる。なお，代表者が他の世帯構成員よりも年上であるとは限らず，12世帯が年齢記入なしでここでは母数から除外されている。

次に世帯を構成する人数で見てみると，1人26世帯（10.6%），2人75世帯（30.6%），3人61世帯（24.9％），4人36世帯（14.7%），5人21世帯（8.6%），6人8世帯（3.3%），7人以上18世帯（7.3%）となっている。2－3人世帯が5割以上を占めているが，単身世帯もあることと，4名以上の世帯も多いことが特徴的である。さらに同居世代数を見てみると，1世代76世帯（31.0%），2世代78世帯（31.8%），3世代54世帯（22.0%），4世代8世帯（3.3%），世代数不明29（11.8%）となっており，2世代同居と1世代同居が最も多く3割を占め，次いで3世代以上同居となっている。

(2) 子育て世代の民泊受け入れ

驚くべきことに，子育て世代も民泊を受け入れている。子どものうちでも最も手がかかる未就学児（6歳未満）がいる家庭だけでも，150世帯中11世帯あり，このうち親子のみの家庭は3世帯ある[32]。子育て世代による民泊受け入れがどのようなものであったのか。ただでさえ子育てで忙しい家庭が，民泊を受け入れるのは難しいのではないか。以下で2人の未就学児を子育て中の家庭が，神奈川県の女子高生3名を受け入れたことをブログに書かれているので紹介しよう[33]。

「先日，私の家では初めての"MINPAKU"（民泊）の受け入れ体験をしました。（中略）

こちらの不安を一気に吹っ飛ばすような子供たちが来てくれました。とても素直で真っすぐな女の子たち。もちろんうちの子供たちは，お姉ちゃん♡お姉ちゃん♡とべったりでした。（中略）

気持のよい彼女たちのおかげで初めての民泊も無事終えることが出来ました。やっぱりお別れはちょっぴり寂しいものですね……免許を取ったらまたきたい〜！子供たちがどんな風になったか大人になったらみたい〜！

と，お別れではなく"またね～"くらいの気持ちでいつの日か，ふらっと遊びに来てくれることを祈っております。

　で，次回の民泊は9/27，28（^◇^）。どんな子が来るかドキドキしながら，次回に備えておきたいと思います。」

このブログ記事からは，民泊先の子どもたちも含めて楽しく交流したこと，これからも民泊受け入れを楽しみにしていることが伝わってくる。子育てで忙しい家庭にとって民泊を受け入れることは，コストを上回るベネフィットがあると考えられる。

(3) 民泊受け入れで子育てがうまくいく

マルゴト陸前高田の永田園佳氏は，子育て世代が民泊を受け入れることのベネフィットを以下のようにあげている[34]。

- 親にとっては，民泊に来る修学旅行生に，将来の我が子の姿を重ねて「こういうお姉さん，お兄さんになるのかな」と想像する機会となる。
- 子にとっては，成長の機会になる。広田町では，引っ込み思案だった子が，民泊を始めてからどんどん自分から話すようになり，普段から前向きで積極的になった事例がある。高田町では，ピアノ教室に通っていたけど全然練習していなかった子が，たまたま民泊でピアノの上手な子が民泊に来て，ピアノを弾いてもらったら「こんなお姉ちゃんになりたい」となって，それ以降家庭でもよく練習するようになった事例がある。
- 民泊に来てくれる人が子どもの相手をしてくれる間に，別の用事を足すことができるし，他人の手前，子どもたちを怒らなくなる。

実はこうしたベネフィットは，人口減少と高齢化少子化が進む地域で，子育てに奮闘する家庭にとっては，民泊以外の手段では得られにくい。子どもが地域に少ないために，年上の子どもたちとふれ合い交流する機会は得られにくい。たとえ，そうした機会があったとしても家庭を離れて子どもを連れて外出することは容易ではない。子どもを連れての外出には時間と費用，子どもとその周囲への注意と配慮が必要だし，外出している間は家事ができないからだ。

人口減少と高齢化少子化は日本社会全体で進行しているから，このことは日本の子育て家庭一般に言えることだろう。こう考えてくると，子育て家庭にとって民泊の受け入れは，実は他にはない優れた子育て支援策なのかもしれない。

3-7　地域を育む民泊

(1)　民泊受け入れ家庭が自ら進んで「仲間づくり」

　民泊修学旅行を受け入れて2年目にして，民泊受け入れ家庭が自ら進んで「仲間づくり」を行う動きが出て来た。例えば，SETの民泊事業担当者が知らないままに，民泊受け入れ家庭5－6戸が知り合いに民泊受け入れを打診する電話をしていたという[35]。

　また，これも民泊事業担当者の知らない間に，2017年12月に民泊受け入れ家庭同士が集まって「民泊女子会」を10名規模で開催した。この10名は以前からお互いに知り合いではあったが，広田町内とはいえ集落が異なるので，日常的に集まる機会に乏しいという。彼女らは民泊を口実にして集まったというが，参加メンバーの一人はFacebookへの投稿で「『民泊受け入れ家庭』という共通の話題で，話ができたことはとても良かったと思っています。みんな楽しかったようで，またやろうねという意見で，一致しました。最後に，また来年も民泊頑張ろうね，とお互いに励まし合いました」としている。こうした動きを見てSETとしては「民泊が広田町の人のものになりつつある」と見ている[36]。

　さらに，民泊を受け入れた子育て家庭自ら「仲間づくり」しようとする注目すべき動きもある。民泊を経験した，小さい子を抱えた若い母親たち3名が「民泊受け入れ家庭仲間を増やしたい」とのことで，2017年11月19日に約100家族が来場した「ママフェス」に，マルゴト陸前高田を出店させて民泊事業のPRを行わせたのである[37]。

　このような民泊受け入れ家庭による自ら進んでの「仲間づくり」には，主体

性とオーナーシップ（当事者意識）に基づいた地域づくりの端緒を見ることができる。

(2) 高齢化と少子化の両方の問題に対応する民泊

　最後に，冒頭で示した陸前高田が直面する人口減少と高齢化・少子化の課題と，民泊修学旅行の受け入れの取り組みとの関係を考えてみよう。まず，先に見たように広田町を除く7町全体で登録代表者が65歳以上の家庭が過半数であることから見ても，高齢化社会だからこそ豊富に存在する高齢層を生産人口化・地域資源化することになっている。高齢者が「ありのまま」で，たとえ一人暮らしであっても，生き生きとし，かつ，収入を得る「仕事」としては，民泊受け入れ以外には見当たらないだろう。しかも，高齢者家庭が，修学旅行生（中学生・高校生）に陸前高田に来てもらうための受け皿となっており，交流人口の増加で陸前高田市への貢献となり，移住の可能性を生み出す点で少子化対策となっていることも重要である。加えて，民泊で修学旅行生にとって「ほんもの」を体験し，陸前高田が「第2の故郷」となることで，健全な成長が促される点では，都市部の子どもたちを大事に育てることになる点でも少子化対策となっていると言えよう。

　また，先に見たように子育て世帯による民泊の受け入れが注目される。今はまだ数こそ少ないが，子育てに役に立つ民泊が広がり，子育て世代のネットワークも強化されよう。そうなれば，陸前高田での子育てがよりやりやすくなり，少子化対策にもなっていく。「陸前高田は民泊受け入れで子育てが楽しい街」となれば，若い世代の移住も期待できよう。

　そうした意味でも民泊修学旅行は，人口減少と高齢化・少子化に呼応する地域づくりのためエシカル・プロダクツなのである。

1 陸前高田市「市のプロフィール」, http://www.city.rikuzentakata.iwate.jp/shisei/profil/profil.html, 2017年11月24日閲覧。
2 陸前高田市「陸前高田市の被害状況」, http://www.city.rikuzentakata.iwate.jp/shinsai/oshirase/hazard1.pdf, 2017年11月24日閲覧。
3 陸前高田市「平成27年国勢調査」, http://www.city.rikuzentakata.iwate.jp/kategorie/gaiyou/toukei/kokusei-tyousa/kokusei-tyousa.html, 2017年11月24日閲覧。
4 総務省統計局「平成27年国勢調査人口等基本集計結果（結果の概要）」, http://www.stat.go.jp/data/kokusei/2015/kekka/kihon1/pdf/gaiyou1.pdf, 2018年1月3日閲覧。
5 マルゴト陸前高田「民泊修学旅行＠陸前高田」, http://rikuzentakata.andnature.jp, 2017年11月24日閲覧。NPO法人SET「SETのこれまでの主な実績」, http://set-hirota.com/aboutset/, 2017年11月24日閲覧。
6 藤田武弘（2011）, p.180, 鈴村源太郎（2013）, p.121。
7 鈴村源太郎（2013）, p.172。
8 岩手県農林水産部「農林漁家への民泊に係る取扱指針」2005年3月31日策定, https://www.pref.iwate.jp/dbps_data/_material_/_files/000/000/003/789/minnpakutoriatukaisisinn.pdf, 2018年1月9日閲覧。
9 鈴村源太郎（2013）, p.173。
10 三井俊介氏（SET代表理事）, 渡邉拓也氏（SET広田民泊事業部）へのインタビュー, 2017年12月9日, 陸前高田市広田町。
11 永田園佳氏（一般社団法人マルゴト陸前高田）へのインタビュー, 2017年12月7日, 陸前高田市気仙町。
12 マルゴト陸前高田「ゼロからの希望の轍：命・防災・生き様を学ぶ」（2017-2018年度陸前高田民泊修学旅行：学校向けパンフレット）, および, 一般社団法人マルゴト陸前高田「民泊修学旅行＠陸前高田」, http://rikuzentakata.andnature.jp, 2017年11月24日閲覧。
13 鈴村源太郎（2013）, pp.21-22。
14 「受け入れ家庭が報告,『民泊体験』について市長へ」『東海新報』2016年6月23日付。
15 村上榮二氏へのインタビュー, 2017年12月10日, 陸前高田市広田町。および, 三井俊介氏からの私信（Facebookメッセージ）, 2018年1月12日付。
16 NPO法人SET「SETの事業」, http://set-hirota.com/business/, 2017年11月24日閲覧。
17 陸前高田市議会平成26年第3回定例会（2014年9月10日）における企画部長の答弁, および, 陸前高田市観光物産協会まるごとりくぜんたかた協議会「まるごとりくぜんたかたDays：陸前高田で研修・教育旅行」（2015年春版）。
18 陸前高田市観光物産協会まるごとりくぜんたかた協議会「まるごとりくぜんたかた

第 3 章　エシカルな地域づくり

Days：陸前高田で研修・教育旅行」（2015年春版）。
19　竹田英樹氏（株式会社And Nature）へのインタビュー，2017年12月25日，東京都台東区。
20　竹田英樹氏（株式会社And Nature）へのインタビュー，2017年12月25日，東京都台東区。
21　竹田英樹氏（株式会社And Nature）へのインタビュー，2017年12月25日，東京都台東区。
22　竹田英樹氏（株式会社And Nature）へのインタビュー，2017年12月25日，東京都台東区。
23　永田園佳氏（マルゴト陸前高田）へのインタビュー，2017年12月7日，陸前高田市気仙町。
24　三井俊介氏（SET代表理事），渡邉拓也氏（SET広田民泊事業部）へのインタビュー，2017年12月9日，陸前高田市広田町。
25　三井俊介氏（SET代表理事），渡邉拓也氏（SET広田民泊事業部）へのインタビュー，2017年12月9日，陸前高田市広田町。なお，全体の世帯数のうち，災害公営住宅・仮設住宅など修学旅行民泊の受け入れができない家庭が100世帯ある。SETとしては，民泊は「広田への入り口」と考えている。2020年までに広田町での年間3,000人民泊が目標である。その3,000名からCMSPに300名参加し，そこから30名がChange Makers' College（CMC，「地域で暮らすということ」「働くということ」「生きるということを広田町という最前線で体感できる4か月間の実質無料移住留学プログラム）に参加して移住することをめざすという（上記インタビュー）。
26　三井俊介氏（SET代表理事），渡邉拓也氏（SET広田民泊事業部）へのインタビュー，2017年12月9日，陸前高田市広田町。
27　永田園佳氏（マルゴト陸前高田）へのインタビュー，2017年12月7日，陸前高田市気仙町。
28　永田園佳氏（マルゴト陸前高田）へのインタビュー，2017年12月7日，陸前高田市気仙町。
29　鈴村源太郎（2013），p.27。
30　小田切徳美（2009），p.45。
31　三井俊介「交流人口が増えることでもたらされる価値とは?!」（Viewpointサイト），https://vpoint.jp/column/101956.html，2018年1月7日閲覧。
32　永田園佳氏（マルゴト陸前高田）へのインタビュー，2017年12月7日，陸前高田市気仙町。
33　AI YOGA「ｍｉ・ｎ・ｐａ・ｋｕ」2017年9月16日，http://aiyyoga.com/2017/09/16/
34　永田園佳氏（マルゴト陸前高田）へのインタビュー，2017年12月7日，陸前高田市気仙町。
35　三井俊介氏（SET代表理事），渡邉拓也氏（SET広田民泊事業部）へのインタビュー，2017年12月9日，陸前高田市広田町。
36　三井俊介氏（SET代表理事），渡邉拓也氏（SET広田民泊事業部）へのインタビュー，

2017年12月9日，陸前高田市広田町。
37 この「ママフェス」は，子どもと一緒に楽しめる交流の場であり，マッサージ，写真，アロマ，クレープなど約20店舗が出店した（永田園佳氏（マルゴト陸前高田）へのインタビュー，2017年12月7日，陸前高田市気仙町）。「ママフェス」を主催する「ママのぱわーすぽっと陸前高田」は，ママや女性が笑顔で元気になれる場所を自分たちでつくる陸前高田市で活動する女性グループ（「ママのぱわーすぽっと陸前高田」，https://www.facebook.com/powerspotformom/，2017年12月8日閲覧）。

◆参考文献
小田切徳美（2009）『農山村再生』岩波書店。
鈴村源太郎編著（2013）『農山漁村宿泊体験で子どもが変わる地域が変わる』農林統計協会。
藤田武弘（2011）「体験教育旅行を通じた都市・農村交流」橋本卓爾・山田良治・藤田武弘・大西敏夫（編）『都市と農村：交流から協働へ』日本経済評論社，pp.180-198。

（長谷川伸）

第4章

事業創造と
エシカル・アントレプレナーシップ

4-1 エシカル・アントレプレナーシップに関する研究動向

　エシカル・アントレプレナーシップという用語が，海外で使われ始めた。また「エシカルとアントレプレナーシップ」領域の研究は増加傾向にある。ハリスほか（Harris, et al. 2009）では，該当する研究の傾向について，そのテーマを3分類した（図表4-1）。

　第一に，企業家倫理に関する研究があげられる。企業家のエシカルな意思決定や行動について，直面するジレンマを含めて，主としてミクロ的なアプローチで検討する研究である。第二に，ソーシャル・アントレプレナーシップやソーシャル・ベンチャーに関する研究があげられる。第三に，企業と社会の関係においてベンチャーが果たす役割と倫理性について検討するものがある。マクロ的アプローチで，経済学的に検討するものが主となる。

　本書の目的は，読者の皆さんのエシカル実践を促すことにあり，そのために守りのエシカルへの想像力と攻めのエシカルの創造力といった点を強調している。したがって，本章では守りと攻めに各々該当する研究テーマである「企業家の倫理」と「ソーシャル・アントレプレナーシップ」を中心に考察を進める。

図表4-1 エシカルとアントレプレナーシップに関する研究テーマ

テーマ	企業家の倫理 (Entrepreneurial Ethics)	ソーシャル・アントレプレナーシップ：社会的企業家精神＆行動 (Social Entrepreneurship)	アントレプレナーシップと社会 (Entrepreneurship and Society)
特徴	・ミクロ的視点でのアプローチ ・企業家のエシカルな意思決定や行動	・ソーシャル・アントレプレナーシップ研究 ・ソーシャル・ベンチャー研究	・マクロ的視点でのアプローチ ・社会におけるベンチャーの役割
研究の具体例	・エシカルに関する企業家と非企業家の比較 ・企業家のエシカルな意思決定 ・企業家行動におけるエシカルなジレンマ ・技術変化とエシカル ・エシカルな組織デザイン ・企業家精神＆行動とステイクホルダー理論	・定義 ・ソーシャル・ベンチャーの倫理 ・ソーシャル・ベンチャーの業績測定 ・伝統的ベンチャーとの比較 ・ソーシャル・ベンチャーの目的の役割	・企業家精神＆行動と経済理論 ・企業家精神＆行動とマクロ経済発展 ・企業家精神＆行動の社会的役割 ・社会変革のエージェントとしての企業家 ・創造的破壊の悪影響 ・機会探索の倫理

出所：Harris, et al. (2009), p.408に加筆修正。

4-2 守りと攻めのエシカルから考えるアントレプレナーシップ

　企業やNPOの事業創造・運営におけるエシカルを考える場合，経営や事業プロセス全体に公正や正義の視点を組み込み，ルールや社会規範を守り，ステイクホルダーを尊重する動きこそ，「企業家の倫理」もしくは，経営者倫理と言えよう。この動きは，守りと攻めのエシカルで分類すれば，主に守りのエシカル実践に該当する。社会をステイクホルダーの束ととらえれば，社会（≒ス

テイクホルダー）にマイナス（－）を及ぼさないように，尊重して，公正に事業を創造・運営していく動きである。

一方で，社会的課題を事業の形で継続的・創造的・革新的に解決するという，ソーシャル（エシカル）・プロダクツ，ソーシャル・ビジネス，ソーシャル・ベンチャーの動き，そしてその動きを担う「ソーシャル・アントレプレナーシップ」や，社会変革までのインパクトを考えるソーシャル・イノベーションの議論とは，新価値創造という社会へプラスを及ぼす動きについて検討されており，主として攻めのエシカルのテーマと分類できる。

またそのほかに，新商品や新事業，新組織の開発という形を必ずしも採用するとは限らないが，企業と社会の双方に新価値創造する取り組みであるCSV（Creating Shared Value：共通価値創造）やCSR戦略の活動も，攻めのエシカルに分類できるだろう。

これらの関係は，図表4-2で表現できる。ここで注意すべき点は，攻めのエシカルを担うソーシャル・アントレプレナーシップにおいても，守りのエシ

図表4-2　守りと攻めのエシカルとアントレプレナーシップ

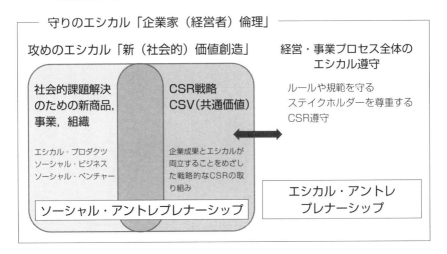

筆者作成。

カル実践,すなわち企業家の倫理が果たされる必要があることだ。つまりソーシャル・アントレプレナーシップとは,守りのエシカルが果たされていることを保証する概念ではないことに留意する必要がある。

例えば,チェルほか(Chell, et al. 2016)は,ソーシャル・アントレプレナーやソーシャル・ベンチャーは社会的課題解決事業を推進しているものの,それ自体の事業運営のエシカル面については今まで調べられてこなかったとして,今後この分野の研究が必要だとしている。また岡田(2015)は,CSVへの批判として,CSRとCSVを考える会の「CSRとCSVに関する原則」を紹介しているが,その4原則とは,CSRはあらゆる企業活動において不可欠,CSVはCSRの代替とはならない,CSVはあくまでもCSRを前提とすべき,CSVの生み出す社会的価値を厳正に評価すべき,というものである。

本書では「攻めと守りのエシカルの双方を担うアントレプレナーシップ」を,エシカル・アントレプレナーシップとして位置づける。エシカル・アントレプレナーシップには,ソーシャル・アントレプレナーシップも含まれるが,それだけでは十分ではなく,経営・事業プロセス全体のエシカル遵守も包括する概念である。

また逆に,エシカル遵守だけの行動様式では,エシカル・アントレプレナーシップと呼ぶことはできない。アントレプレナーシップという,新価値創造の側面も不可欠だからだ。すなわち,ソーシャル・アントレプレナーシップの働きも加味した,守りのエシカルも攻めのエシカルも両方追求している理想的なアントレプレナーシップを,理念系として,エシカル・アントレプレナーシップと位置づけたい。

あえて,このような用語を用いるのは,チェルほか(2016)の指摘のように,攻めのエシカルを追求していても,守りのエシカルが検討されていないという,ソーシャル・アントレプレナーシップ概念の現状を鑑みて,本書では攻めと守りの双方のエシカルの大切さを訴求したいからだ。守りのエシカルの想像力と,攻めのエシカルの創造力を働かせて,多方面(さまざまなステイクホルダー)に価値創造していく姿勢が大切なのである。

4-3 エシカルはペイするか

　企業家倫理について，フィッシャーほか（Fisscher, et al. 2005）は，アントレプレナーシップとエシカルの関係には2面性があるとしている。アントレプレナーシップ自体は，エシカルな観点でみれば，新価値創造や雇用創出といった形で社会に寄与し，社会へポジティブ（＋）な価値創造を果たしている。しかしながら，ネガティブ（－）面として，企業家は成功を追求する中でエシカルな面を妥協しがちだとする。先ほどまでの議論で言えば，攻めのエシカルが達成できたとしても，守りのエシカルは妥協されてしまうというものである。

　事業創造において，エシカル課題がなぜ生じてしまうのだろうか。岡本・梅津（2006）によれば，エシカルの根本原理とは，「規範原則を立てて，それとの関係で現実を判定する」ものであり，善・悪，正・不正，適・不適，といった行為や意思決定の倫理的属性を整合的に判定するものである。そして，社会を人間関係や共同体としてみる。一方，経営学は社会を市場原理が体現する場としてみる。そうすると，事業創造において，市場原理と人間関係・共同体原理のどちらを優先させてしまうのか，という問題が生じてせめぎ合いが起こる。

　市場原理と人間関係・共同体原理を両立させることは難しい。市場原理は株主利益の追求に代表されるように，短期的思考で，利益の最大化という命題がついてまわる。一方の共同体原理では，企業は全ステイクホルダーの社会的価値や経済的価値を尊重・考慮しなければならない。エシカルやCSRとは，全ステイクホルダーに対して，より多くの経済的・社会的・環境的な価値をバランスよく提供するという究極の理想状態をめざす活動である。企業，ステイクホルダーと提供する価値をめぐって，そのままではいたるところでトレード・オフの状況に陥るだろう。

　一方で，ペイン（1999）は，「エシカル思考は，リーダーシップの重要な技量であり，組織の強さの源泉である」と述べている。エシカルの核心は，人間の相互関係を律する原則ないしは基準だと考えられてきた。エシカルは，人間

同士の積極的な相互関係が理想的に進められるための規範と規律を下から支えている基盤である。また広い意味では、エシカルの目的は人間の資質を高めることである。このように考察を進めて、ペイン（1999）は、健全なエシカル原則の上に築かれた組織としての価値観の体系は、企業にとって大きな利益を生み出す財産だとする。

　しかし、そのペインも違う書物（ペイン 2004）においては、倫理を重視することが経済的な成功に不可欠な状況もあれば、別の状況では、倫理を無視することが大きな儲けにつながることもあるとしている。そして、倫理は損になるという純粋な対立も、倫理は得になるという完璧な合致も、企業が直面する複雑な現実を反映してはいないとする。そして、実際は、図表4-3のような状態にあるという。エシカルがペイするというのは、倫理的取り組みと経済的利点の2つの円が重なる理想状態を指しているのであって、現実は部分的重なりが見られるにすぎない。

　ここで組織が長期的な展望を持つことは、「倫理は得になる」方向を強化させる。しかし、経営者は長期的スタンスをとるのが難しい。テクノロジーの急速な変化に代表される変化の速さ、激しい競争環境、短い会計年度といった諸要因が、企業家を短期志向での成果創出へと駆り立てている。

　エシカルの中でもCSRの研究においては、企業の社会業績（CSRによる成果：SP）と経済業績（EP）の相関関係を解明しようとする実証研究が1970年代から盛んに行われてきた（図表4-4）。検証仮説としては、「成功するためによいことを行う」と「成功することによって、よいことを行う」という2つ

図表4-3　倫理的取り組みと利益の流動的な関係性

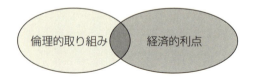

出所：ペイン（2004），p.134。

第4章　事業創造とエシカル・アントレプレナーシップ

図表4-4　SP・EPの相関・因果関係をめぐって

筆者作成。

の見解がある（森本 1994）。

　企業の経済業績（EP）と社会業績（SP）の相関関係の解明をめざした実証研究では，ポジティブな相関があるとする結果の研究が増えてきてはいるものの，測定の難しさからSP・EP相関分析の結果に関する統一見解はいまだ出されていない。

　例えば，フリーデほか（Friede, et al. 2015）では，ESG（環境・社会・ガバナンス）への配慮（＝SP）と，企業の財務業績（＝EP）の関係について，1970年代からの2,200本もの論文を検討した。ほぼ90％の研究において，マイナスの相関ではない結果が見られ，その中の多くの研究がポジティブな相関関係を示したとしている。

　またクラークほか（Clark, et al. 2015）は，200本超のSP・EP分析に関連する論文を整理検討して，88％の研究がサスティナブルな企業（SPが高い）は，事業業績（EP）も良いことを示し，サスティナブルな企業は株価に正の影響を与えることを示している。しかしながら，彼らはこの相関結果が，逆の因果関係（EPが高いからSPが高くなっている）を示している可能性があることも指摘している。優れた業績（EP）をあげている企業は，ESG活動（SP）にも資源を割く余裕があり，結果としてSPとEPに正の相関関係があるように見えているかもしれないという解釈である。

　これらの議論の最後に，「皆が，SP（エシカル実践）はEP（企業成果）にプラスの影響を与えると信じて行動すれば，社会は変わる」というメッセージを

伝えたい。あるフォーラムで一人の実務家が発した言葉であるとされている。エシカル・アントレプレナーシップにおいて，きわめて大切な考え方である。

4-4　CSVとCSR戦略

　企業社会においては，エシカルという言葉よりも，類似概念であるCSRという言葉が普及している。エシカルとCSRの関係については，図表1-4に基づきすでに説明してきたが，ここでは，CSRで展開されてきた戦略的な考え方を紹介したい。その際，図表4-2も参照いただきたい。

　CSR元年（2003年）を経て，CSRという概念が，日本の産業界や各企業の間に定着した。一方で，CSRの難しさについても考察されるようになった。CSRで考慮しなければならない企業活動と社会とは，企業活動の全内容とプロセス，すべての現場とステイクホルダーを含む。CSRは経営全般に関わることだが，経営がめざす企業目的の達成や企業存続と同等に，企業が影響を及ぼす社会やステイクホルダーすべての状況に対しても考慮する必要がある。このような難しさは「より一層のCSRを求める社会からの声と，短期的な利益の極大化を望む株主の声の間での板ばさみ」と表現された（ポーター＆クラマー 2003）。

　そして，このエシカル（CSR）の実践と，経済的成果の向上を両立させ・相乗効果を出させる戦略的アプローチとして登場したのが，CSR戦略やCSVの考え方である。エシカル・アントレプレナーは，このような戦略的アプローチを理解する必要がある。

　CSR戦略とは，「企業と社会双方の利益最大化」，「企業内外ステイクホルダーへの価値最大化」をめざした戦略である。これまでのCSR戦略に関する議論を振り返ってみたい。まずフリーマン（Freeman 1984）がCSRを経営戦略に組み入れる必要性を説いた。日本では，金井ほか（1994）が戦略的社会性，ソシオダイナミクス企業という概念を用いたのが嚆矢となる。マーティン（2002）は，自ら創造する社会的活動（新領域の活動）のうち，社会と株主利益双方を向上させる活動をCSR戦略と説明している。

特にポーター&クラマー（2008）の論文では，2003年の戦略的フィランソロピーの考え方を発展させて，包括的なCSR戦略の具体的な指針を提示した。この論文では，企業がCSR戦略として，数ある社会問題の中から，自社と社会の双方に利益をもたらす問題を識別し選択集中して取り組む必要性を説いている。またその論考をさらに進めた概念がCSV（Creating Shared Value：共通価値創造）であり，ポーター&クラマー（2011）では，自社と社会の双方に利益をもたらすことをCSVとした。共通価値の創造の方法として，彼らは3つの方法を提示している。

① 製品と市場を見直す。顧客ニーズに加えて社会的ニーズを取り込む必要がある。
② バリューチェーンの生産性を再定義する。社会問題の新解決方法を創造することでコスト削減や生産性向上をめざす。
③ 企業が拠点を置く地域を支援する産業クラスターをつくる。自社の成長と生産性の観点から，最大の制約になっている地域の弱点をみつけ，自社単独，もしくは協働してその解決に取り組む。

また別のアプローチとして，以下のフレームワークも参考にしていただきたい。横山（2012）は，CSR戦略をデザインするときに考えるべき要素とその関係をフレームワークとして図示している（図表4-5）。この図の意味するところは，第一に，企業はCSR活動によって，企業内外環境に好ましい変化を生じさせるようにすべきだということ。企業内外環境への好ましい影響とは，2種類の成果を意味する。CSR自体の社会的成果と企業への成果である。

第二に，CSR活動の影響が及ぶ2つの経路を考慮する必要がある。外部的要因（外部の評価を媒介にしたもの，名声・評判）と内部的要因（実践に伴うもの，学習効果）である。CSR活動は，外部的要因と内部的要因の経路を経て，企業内外環境にさまざまな影響を及ぼす。

例えば，外部的要因の経路によって，企業には以下の効果（保有資源とステイクホルダーの変化）が望まれる。

・ステイクホルダーとの信頼関係の強化。

- ステイクホルダーと新たな交流が生まれる可能性。
- 従業員のモラールアップやモチベーションアップ。
- 営業力やリクルートへの好影響。
- 顧客との関係強化。

また内部的要因の経路による効果（資源・能力とステイクホルダーの変化）は，以下の通りである。

- 企業内資源の活性化。
- 社会との接点が増えて学習機会が増す。
- 本業に関連する新たなステイクホルダーのネットワークが生まれる。
- 新規事業の種を見いだす。新規事業・製品開発。
- 企業のタスク環境の充実。
- 事業活動の質の保証。

このように，CSR戦略とは，CSR自体の成果を考えるとともに，外部的要因と内部的要因の2つの経路を活性化させ，その結果企業の保有資源・能力やステイクホルダーが拡充する（企業成果へつながる）CSR活動をデザインすることを意味する。

外部的要因の経路を活性化するためには，以下の点が求められる。

図表4-5　CSR戦略を考えるためのフレームワーク

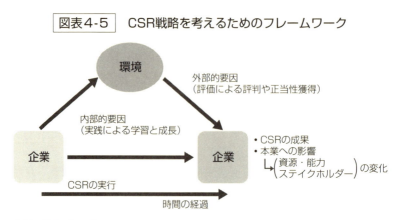

出所：横山（2012），p.6。

- 注目を集めること（CSRの成果をあげる）。
- 社会的インパクトの大きさ（緊急度・重要度の高い社会的課題解決）。
- その企業が関与する意義（ストーリー性，ミッションとの関連性）。
- 効果的かつフェアな関与の仕方。
- CSR活動の独自性，革新性，先駆性，継続性（育てる）。

一方で，内部的要因の経路を活性化するためには，CSR活動からの学習効果や波及効果が大きくなるような取り組みをデザインする必要がある。
- 本業やその経営資源と関連性の強い取り組み。
- 技術・ノウハウ・マネジメントに関する学習機会を含む取り組み。
- 本業のタスク環境を豊かにする，他組織や地域との交流がある取り組み。
- CSRと本業との間に循環が生まれるような取り組み。

以上，CSVとCSR戦略について，その要諦を見てきた。どちらの概念も，本書のエシカルの考え方でいくと，どちらかというと，攻めのエシカルに当てはまる。これらの提案は，エシカルがペイするように，エシカル実践が企業成果に波及するように，CSRを戦略的にデザインして，社会および企業にとっての新価値創造をめざす取り組みだ。

最後に述べたいのは，このような攻めのエシカル（戦略的アプローチ）がエシカル・アントレプレナーシップに求められると同時に，守りのエシカル実践を疎かにしないことだ。すなわちエシカルはペイする，ペイしないにかかわらず，エシカル実践として守るべき領域がある。その点に関して，いかに日々，愚直に真剣に取り組むか。組織の隅々までそのような意識を浸透させるのか。守りのエシカルにおいてこそ，エシカル・アントレプレナーの力量が問われる。

4-5　ソーシャル・アントレプレナーシップとエシカル

(1) 定義，考え方

社会性・事業性・革新性を持つ事業をソーシャル・ビジネス，ソーシャル・

ビジネスを推進する企業をソーシャル・エンタープライズ（社会的企業）と呼ぶことが，もはや一般的となっている。そして，ソーシャル・アントレプレナーは，ソーシャル・ビジネスやソーシャル・エンタープライズの中核として活動する人を指す（谷本ほか 2007）。

　本書では，社会性は社会的課題解決に取り組むことを，事業性は社会的課題を事業の形で自立して継続的に解決していく姿を意味する。したがって，継続的に自走して活動できるかどうか，ということが問題になるのであって，その形態は非営利事業であっても営利事業であっても構わない。そして，社会的課題を事業の手法で解決することは非常に困難であるため，どこかに創意工夫や革新性が伴わないと実現できないという意味で，革新性も求められる。

　ではなぜ，ソーシャル・ビジネスは通常のビジネスよりも困難だと考えられるのか。どんなビジネスも何らかの課題を解決しており，社会に必要とされ受け入れられているからこそ存続していると考えるならば，すべてのビジネスはソーシャル・ビジネスと言い換えることもできてしまう。

　本書でいう社会的課題とは，放置されている課題を指す。つまり①一般に認識されていない社会的課題，もしくは②認識されていても収益が見込めないという理由で放置されている社会的課題だ。通常のアントレプレナーは，収益性が見込まれる課題解決を事業機会として認識・追求する。それでも起業や事業創造は難しい。ソーシャル・アントレプレナーの場合は，収益性が見込まれるかどうかは二の次で，社会的課題解決に取り組む（オースチンほか：Austin, et al. 2006）。したがって，通常の営利事業よりも，ソーシャル・ビジネスの事業創造は難しいものになると考えられる。

　したがって，より多くのステイクホルダーを巻き込み，多様な形で協働しながら，不足する点を他者と補い合いながら自走するビジネスモデルを構築することが求められる。そこで求められる革新性とは，技術革新・ビジネスモデル革新・認知枠組みの革新・組織の革新といったものを指す。つまり新技術で解決できる形・新しい仕組みづくりで解決できる形・新しい解釈で解決できる形・新しい組織や体制をつくることで解決できる形の革新を意味する。

(2) ソーシャル・ビジネスの種類

　ソーシャル・ビジネスには，どういったものが含まれるのか。谷本（2009）は，ソーシャル・ビジネスを組織形態で分類している（**図表4-6**）。ソーシャル・アントレプレナーは，さまざまな制約の中で，一番ふさわしい組織形態を選択する。その制約の代表例として，市場的制約（市場性，収益性の程度），資金的制約（資金調達の程度），法的制約（法人格による税制等の違い），社会的制約（社会からの信頼性）があげられる。その結果，選択される組織形態として，①社会的企業（ソーシャル・エンタープライズ）と②事業型NPOを中心に，③中間組織（協同組合など）の事業や，④一般企業が展開するソーシャル・ビジネスの4形態にわけられているが，それに⑤営利組織と非営利組織を組み合わせた事業展開も加えて，以下で紹介する。

図表4-6　ソーシャル・ビジネスの形態による分類

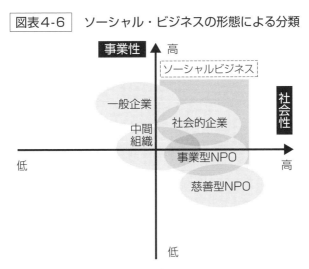

出所：谷本（2009），p.30を一部修正。

① 社会的企業（ソーシャル・エンタープライズ）

社会的価値創造を第一義に置く企業。創業ステージにあれば，ソーシャル・ベンチャーと呼ぶこともある。ザ・ボディショップ，ベン＆ジェリーズや第6章で取り上げた企業の大半はここに該当する。

② 事業型NPO

そもそもNPOは，社会的ミッションを第一義に，営利を目的としない活動をする組織であるが，その中でも寄付や会費・補助金だけでなく，事業収益を主な収入源とする事業型NPOは，社会性に事業性が伴うソーシャル・ビジネスを展開していることが多い。第6章の認定NPO法人リボーン・京都が該当する。

③ 中間組織（協同組合など）

生活協同組合，ワーカーズ・コレクティブなどの会員組織。第6章では，近畿ろうきんが展開するソーシャル・ビジネスがここに該当する。

④ 一般企業が展開するソーシャル・ビジネス

通常の営利企業（大企業や中小企業）による戦略的CSR，CSV，BOP (Bottom of the Pyramid)[1] といった形を採用した事業。第6章でいうと，Leeの事例が当てはまる。

⑤ 営利組織と非営利組織を組み合わせた事業展開

社会的課題解決に向けて営利組織と非営利組織を組み合わせて展開している形や，企業とNPOが協働するソーシャル事業などが該当する。第6章でいうと，認定NPO法人アクセスと近畿ろうきんが協働した「こころのそしな」事業があげられる。

(3) ソーシャル・イノベーション

　ソーシャル・ビジネスやソーシャル・アントレプレナーシップを考えるときの鍵概念となるものが，ソーシャル・イノベーションという概念である。谷本ほか（2013）では，ソーシャル・イノベーションを「社会的課題の解決に取り組むビジネスを通して，新しい社会的価値を創出し，経済的・社会的成果をもたらす革新」として，理論・定性・定量分析によって詳細な議論を展開している。また谷本ほか（2007）では，「ソーシャル・アントレプレナーのもたらすソーシャル・イノベーションの場合には，技術的な革新というより，社会的サービス提供の新しい仕組み，さらに人と人との関係性の変化という点に注目する必要がある」と述べて，そのソーシャル・イノベーションのプロセスを，図表4-7のように表した。

　このソーシャル・イノベーションを担うソーシャル・アントレプレナーのステップを，起業の前段階（社会的課題への気づき，踏み出すプロセス），起業の実行（ミッションの確立，事業の仕組みづくりと事業計画），支持の獲得と事業の継続（社会とのコミュニケーション，絶え間ない改善），社会変化の実現（ソーシャル・イノベーション）の4ステップにまとめている。

　一方，野中ほか（2014）では，ソーシャル・イノベーションを知識創造の視点から分析している。その定義は，「ある地域や組織において構築されている

図表4-7　ソーシャル・イノベーションのプロセス

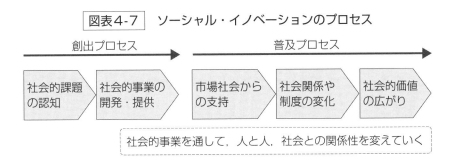

出所：谷本ほか（2007），p.22に一部加筆修正。

人々の相互関係を，新たな価値観により革新していく動き」，「社会のさまざまな課題に対して，より善い社会の実現を目指し，人々が知識や知恵を出し合い，新たな方法で社会の仕組みを刷新していくこと」とする。さらに言えば，課題解決はあくまでも結果にすぎず，究極的には共通善（Common Good）の追求がイノベーションの本質であるとする。共通善とは社会を善くするために互いの尊厳を認め合う人間同士が共通して持つ倫理的・道徳的価値観である。

そして，各種先行研究をまとめた上で，ソーシャル・イノベーションを担うソーシャル・アントレプレナーシップには，以下5点の特徴があるとする。①社会的ビジョン（共通善）を持ち，個人・組織のミッションと融合させる。②社会の関係性に変化を作り出し，新たな価値観を創出する。③既存の仕組み・ビジネスモデルにとらわれず，新たな仕組みを作り出す。④自身の経験や知識，手持ちの資源を活用しつつ，周りを巻き込み，協働し，新たな知識や資源を創造する。⑤みずからの活動に責任と覚悟を持ち，次世代へつなぐ。

4-6 まとめ

倫理と経済の関係に関する考察は，古くから存在する。近江商人による三方良し（売り手良し，買い手良し，世間良し）は，現代のステイクホルダー経営そのものである。その後の武士道の精神では，藩の経営において経営者の資質というものが考えられ，高い身分には，学徳の涵養が不可欠であり，高い水準の正義・誠意や他の美徳が求められた。

日本の近代資本主義の父とも言われる渋沢栄一は，「道徳経済合一説」（儒教そろばん論）を唱えて，道徳（義）と経済（利欲の心）のバランスが大切であり，義にかなった利のあり方を奨励した。報徳運動を進めた二宮尊徳は「道徳を忘れた経済は罪悪であり，経済を忘れた道徳は寝言である」という言葉を残している。

最後に，エシカル・アントレプレナーとは，ソーシャル・アントレプレナーの攻めのエシカルと，企業倫理や経営者倫理といった守りのエシカルの双方を

意識して，それらの考え方が組織に根づくように創意工夫してリーダーシップを発揮する人物である。

ただし，完璧にエシカル状態を求めよと言っているのではない。そもそものようなことは，摂理的に不可能だ。したがって，守りのエシカルといった他者や外部へ想像力を働かせること，攻めのエシカルといった新価値創造のために創造力を発揮していくことを意識して，一歩でも理想の状態に近づこうとする姿がエシカル・アントレプレナーシップだと考える。

エシカル・アントレプレナーシップは，win-win-winの世界をめざす行動様式であり，守りと攻めの双方のエシカルについて理解を深め実践し続けようと努力しながら，仲間とともに道を切り開いていくという，生き方でもある。

注

1　BOPとは，所得の経済的ピラミッドの底辺に属する貧困層の人々をターゲットとして展開する事業を指す。通常，この顧客層の生活水準を高めるような施策，例えば雇用機会も同時に提供するといった社会性も加味したビジネスモデルがつくられることが多い。

◆参考文献

岡田正大（2015）「CSVは企業の競争優位につながるか」『ダイヤモンド・ハーバード・ビジネスレビュー』1月号，pp.38-53。

岡本大輔・梅津光弘（2006）『企業評価＋企業倫理：CSRへのアプローチ』慶應義塾大学出版会。

金井一頼・田中康介・涌田幸宏・腰塚弘久・中西晶・中條尚子・松本邦男（1994）『21世紀の組織とミドル』産能大学総合研究所。

谷本寛治・唐木宏一・SIJ編著（2007）『ソーシャル・アントレプレナーシップ：想いが社会を変える』NTT出版。

谷本寛治（2009）「ソーシャル・ビジネスとソーシャル・イノベーション」『一橋ビジネスレビュー』夏号，pp.26-41。

谷本寛治・大室悦賀・大平修司・土肥将敦・古村公久（2013）『ソーシャル・イノベーションの創出と普及』NTT出版。

野中郁次郎・廣瀬文乃・平田透（2014）『実践ソーシャルイノベーション：知を価値に変えたコミュニティ・企業・NPO』千倉書房。

ペイン,リン・シャープ著,梅津光弘・柴柳英二訳(1999)『ハーバードのケースで学ぶ企業倫理』慶應義塾大学出版会。

ペイン,リン・シャープ著,鈴木主税・塩原道緒訳(2004)『バリューシフト:企業倫理の新時代』毎日新聞社。

ポーター,マイケル&クラマー,マーク(2003)「競争優位のフィランソロピー」『ダイヤモンド・ハーバード・ビジネスレビュー』3月号,pp.24-43。

ポーター,マイケル&クラマー,マーク(2008)「競争優位のCSR戦略」『ダイヤモンド・ハーバード・ビジネスレビュー』1月号,pp.36-52。

ポーター,マイケル&クラマー,マーク(2011)「共通価値の戦略」『ダイヤモンド・ハーバード・ビジネスレビュー』6月号,pp.8-31。

マーティン,ロジャー(2002)「社会貢献の戦略マトリックス」『ダイヤモンド・ハーバード・ビジネスレビュー』6月号,pp.147-157。

森本三男(1994)『企業社会責任の経営学的研究』白桃書房。

横山恵子(2012)「CSR戦略に求められる社会的事業の考え方」『神戸学院大学経営学論集』第8巻第1・2号,pp.1-16。

Austin, J., Stevenson, H. and Wei-Skillern, J. (2006) "Social and Commercial Entrepreneurship: Same, Different, or Both?" *Entrepreneurship Theory and Practice*, January, pp.1-22.

Chell, E., Spence, L. J., Perrini, F. and Harris, J. D. (2016) "Social Entrepreneurship and Business Ethics: Does Social Equal Ethical?" *Journal of Business Ethics*, 133(4), pp.619-625.

Clark, G. L., Feiner, A. and Viehs, M. (2015) "From the Stockholder to the Stakeholder: How Sustainability can Drive Financial Outperformance." *Working Paper*, Oxford University.

Fisscher, O., Frenkel, D., Lurie, Y. and Nijhof, A. (2005) "Stretching the Frontiers: Exploring the Relationships between Entrepreneurship and Ethics." *Journal of Business Ethics*, 60(3), pp.207-209.

Freeman, R. E. (1984) *Strategic Management: A Stakeholder Approach*, Pitman.

Friede, G., Busch, T. and Bassen, A. (2015) "ESG and Financial Performance: Aggregated Evidence from more than 2000 Empirical Studies." *Journal of Sustainable Finance & Investment*, 5(4), pp.210-233.

Harris, J. D., Sapienza, H. J. and Bowie, N. E. (2009) "Ethics and Entrepreneurship." *Journal of Business Venturing*, 24(5), pp.407-418.

(横山恵子)

第 5 章

エシカル・アントレプレナーシップと教育

5-1 アントレプレナーシップ教育

(1) アントレプレナーシップ教育の内容

　アントレプレナーシップ教育もしくは企業家教育は，第二次大戦直後にアメリカから始まり，アメリカ国内の大学で広く普及してきた。1990年代後半からは，世界中で企業家教育の普及が加速する。日本においても，1990年代初頭から大学・大学院での「起業家育成講座」の開設が本格化した（青木 2014）。

　しかしながら，日本では企業家教育に関する社会的評価は低く，OECD（2013）の調査では，企業家知識や態度を習得する上で教育の有効性を評価する人は2割にも満たない。**図表5-1**のように，企業家理解に関する教育の効果に関しても，企業家への選好度（企業家を望ましいと思うか）に関しても，評価する人の割合が極めて低い。

　このような状況の中で，日本でも「若者の起業家精神の育成を目指した学部・大学院カリキュラムの大胆な転換，教育機能の強化」が掲げられている（教育再生実行会議 2013）。また科学技術基本計画（2016）第5期では，「起業家マインドを持つ人材の育成」として，「新たな価値を生み出す創造性，起業

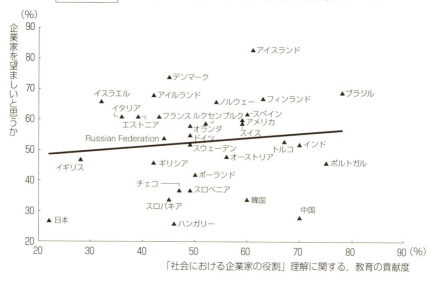

図表5-1 アントレプレナーシップ教育と企業家イメージ

出所：OECD (2013), p.83。

家精神を育むため」に，「挑戦することや他と異なる考え方や行動をよしとする意識の涵養を図る」としている。

また学会においても，起業家教育に関する注目は高まっており，日本ベンチャー学会では起業家教育推進委員会が設けられ，アントレプレナーシップ教育事例共有ワークショップが毎年開催されている。このように，アントレプレナーシップ教育は今後ますます重要性を帯びていくだろう。

さて，アントレプレナーシップ教育と一言でいっても，その意味するところは幅広い。兼本（2016）は先行研究を整理して，その教育を狭義と広義に整理している。そして，近年は徐々に広義の起業家教育の視点が大きくなってきていると指摘する。

① 狭義のアントレプレナーシップ教育

ベンチャー企業を起こすような起業家（ベンチャー企業の創業者）を育成するためのもの。起業のための教育。

② 広義のアントレプレナーシップ教育

アントレプレナーシップ（企業家精神＆活動）を育成するためのもの。あらゆる組織内での改革の担い手となる人材を育成するための教育。

成熟化社会を迎え，社会の至る所で革新力や創造力が求められ，新たな価値創造に挑む人材がますます必要となってきているが，そのような人材育成をめざすのが②広義のアントレプレナーシップ教育なのである。柴田（2013）は，「自分が企てる」気持ち，新しいものに興味を持ち社会を前進させる気持ちがアントレプレナーシップの原点だと述べている。誰しもが，小さなアントレプレナーシップを心に持っているはずで，それを育ててひとり立ちできるようにすれば立派なアントレプレナーになれると指摘する。本書の内容も，②広義のアントレプレナーシップ教育に立脚している。

次に，アントレプレナーシップ教育の手法について検討しよう。そもそも教育は，その手法によって，座学による学びと実践的な学び，受動的な学びと能動的な学びにわけることができる。座学による学びとは，身体性を伴わない机上の学びであり，実践的学びとは身体性を伴う，経験型・体験型の学びである。一方，受動的な学びとは，学生にとって知識の享受といったinputがメインの学びであり，能動的な学びとはoutputを目的にinputしながら主体的に学んでいくことを意味する。

これらの学び方を軸にして，アントレプレナーシップ教育で用いられる手法を整理すると，**図表5-2**のように表すことができる。アントレプレナーシップ教育で用いられる代表的手法には，講義型の授業（理論や基礎知識を学ぶ），起業家によるゲスト講演，メンターによる指導，ケースメソッド型の授業，ビジネスプラン作成・プレゼン，ビジネスプラン・コンテスト（ビジコン）出場，PBL（プロジェクト・ベースド学習：Project Based Learning），そしてビジネスプラン実践といったものがあげられる。

(2) アントレプレナーシップ教育がめざすもの

では，アントレプレナーシップ（の教育効果）とはどのように測定すること

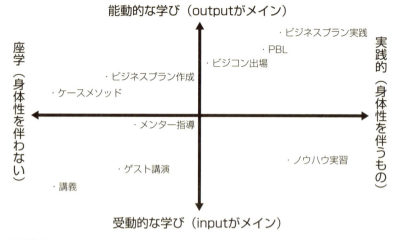

図表5-2 アントレプレナーシップ教育手法の分類

ができるだろうか。多くの研究（青木 2014，藤井・山本 2008など）が，経済産業省が提唱する「社会人基礎力」の構成要素（3つの能力と，それらを形成する12の構成要素）を参考にしていることがわかる。

社会人基礎力の構成要素とは，主体性・働きかけ力・実行力といった3つの「前に踏み出す力（アクション）」と，課題発見力・計画力・創造力という3つの「考え抜く力（シンキング）」，そして発信力・傾聴力・柔軟性・状況把握力・規律性・ストレスコントロール力という6つの「チームで働く力（チームワーク）」である。青木（2014）は，企業家教育が目的とする，社会人としての自立力，生き延びることのできる力は，社会人基礎力にほかならないと指摘している。

またダイアーほか（2010）は，イノベーター（革新的な企業や新製品を立ち上げた人）に関する定性・定量調査に基づいて，イノベーションを生み出すイノベーターの5つの能力（イノベーターのDNA）を明らかにした。そして，これらの5つの能力は育成可能なものだとする。

① 関連づける力

一見無関係に思える疑問や問題，アイデアをうまく結びつける能力。そのためにはさまざまな知識や経験を積めば積むほど，脳はつながりを増やしていく。また下記4つの能力を利用することで一層強化できるものである。

② 質問力

常識にとらわれずに，現状に常に疑問を投げかける力である。当たり前を疑う力でもあり，創造性を導き出すうまい質問を考える力でもある。

③ 観察力

現象をさまざまな角度から観察する力である。注意深く，意識的かつ継続的に観察し，新しいやり方のヒントを見いだす力である。

④ 実験力（仮説検証力）

疑問や観察から，仮説を立てて実験する力である。そこには，失敗から学習する力も含まれる。

⑤ 人脈力（ネットワーク思考力）

多種多様な人脈を通じてアイデアを見いだす力。自分の知識の幅を拡げるために，自分とは異なるアイデアや視点の持ち主たちに会いに行き，他者の知恵を活用する力である。

そして，これらの能力は「実践」を通じて開発・強化されるとしている。

5-2　エシカル・アントレプレナーシップと教育

エシカル・アントレプレナーシップに関する文献は少なく，いまだその要件について書かれているものはないため，ソーシャル・アントレプレナーシップに関するものを紹介しよう。

リードビーター（Leadbeater, C 1997）は，成功した社会起業家に共通する資質として，①リーダーシップがあること，②ストーリー・テラーであること，③人を最大の資源としていること，④理想主義で同時に現実家であること，⑤協働ができることの5点をあげている。

名和（2015）は，CSVを担う人材に必要な能力や特性について，一言でいえば「胆力・人間力」が必要だとして，5つの提案をしている。

① 知識よりも教養を身につけること

豊かな教養は単純思考を排して，より深みのある人生を送る上で欠かせない。ビジネスにおいても，目の前の出来事と世の中の真理を結ぶ思考の軸となる教養が大切だとしている。そして，CSVの本質は，何が「真善美」であるかという価値判断にあるとする。そのために教養は不可欠だ。

② フィールドスタディから学ぶ

実体験を伴う学習の重要性。

③ ダブルバインドを超える

社会価値と経済価値というダブルバインドを，イノベーションする。

④ アンガージュマンの呼びかけ

これは，歴史を意味づける状況に自らかかわることで自由な主体として生きることを意味する。すなわち行動せよ。そこから学習せよ。未知のところに自分を置くことの重要性が問われている。

⑤ 「なぜ」5回で本質に迫る

このように名和（2015）においても，実体験を伴う学習の重要性，行動の重要性が指摘されている。

また横山・後藤・金井（2017）が，アカデミック・アントレプレナーであり社会起業家でもある大学発ベンチャーのケース分析を通して見いだしたアカデミック・アントレプレナーシップの構図を，エシカル・アントレプレナーシップの構図へと修正したものが，図表5-3である。

アントレプレナーシップを発揮するということは，企業家（チーム）が，ミッションおよび起業機会，事業テーマ，経営資源をつないでマネジメントしていくことに他ならない。その際に「社会的意義の高い，エシカルな」ミッションと起業機会を見いだし，事業テーマへとブレイクダウンさせることが，エシカル・アントレプレナーシップへの第一歩となるだろう。経営資源が最初から潤沢にあることはめったにない。「行動主義」に徹して，「知とネットワー

クの編集力」を駆使してステイクホルダーと協働しながら，経営資源を獲得しマネジメントしていく必要がある。

　すなわち，エシカル・アントレプレナーシップを構成する根本的な要素として，社会的意義やエシカルが通貫するミッションや志を抱く力，行動主義，知の編集力，ネットワーク編集力といったものがあげられる。エシカル・アントレプレナーシップ教育では，こういった普遍的かつ本質的な力を育む教育のあり方を模索する必要がある。

　以上からわかるように，アントレプレナーシップ教育がめざすものプラス，社会的ミッション，真善美の意識といったエシカルの要素を強く意識させる教育こそが，エシカル・アントレプレナーシップ教育には必要だ。そのための効果的な手法として，能動的かつ実践的な学びであるPBL（プロジェクト・ベー

図表5-3　エシカル・アントレプレナーシップの構図

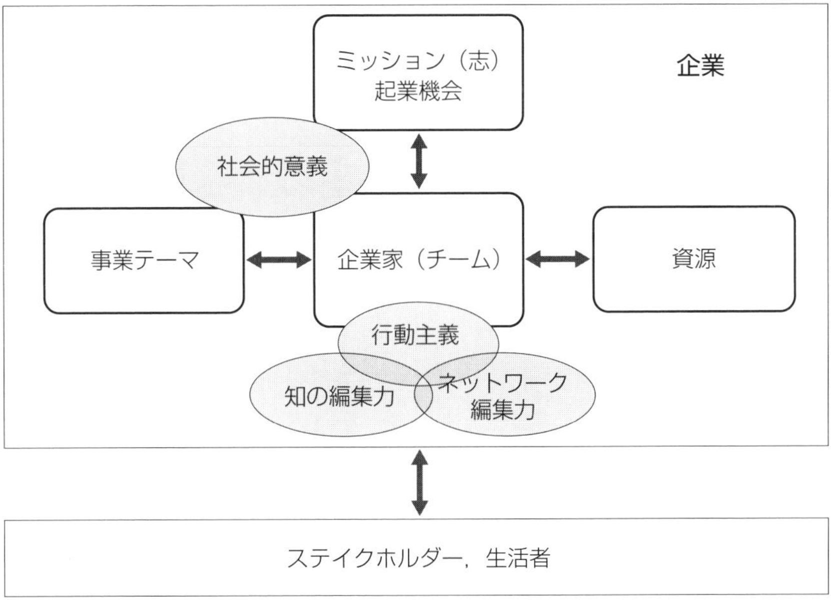

出所：横山・後藤・金井（2017），p.20をもとに加筆修正。

スド学習）の活用を検討する（図表5-2）。

5-3　エシカル・アントレプレナーシップ教育とフローに導くPBL

　以下では，学生のモチベーションを引き出し充実した学びを提供するPBLのあり方を検討するために，モチベーション理論を参考にする。

　ピンク（2010）は，現代社会はクリエイティビティを発揮しなければ進んでいかない社会だとして，モチベーション3.0という考え方を提示した。人間は生物的な存在なので，生存のために行動するモチベーション1.0が元来存在する。工業社会になってサラリーマン社会ができると，報酬と処罰で動機づけられるモチベーション2.0が登場する。そして知識経済社会といった創造性を重視する現代は，学びたい・創造したい・世界をよくしたいという，内発的動機づけによるモチベーション3.0が機能する世界だとする。この内発的動機づけを考える際の鍵概念の一つに，フロー（Flow）理論がある[1]。

　フローとは，内発的に動機づけられた自己の没入感覚を伴う楽しい経験を指す。フロー状態にあるとき，人は高いレベルの集中力を示し，楽しさ・満足感・状況のコントロール感・自尊感情の高まりなど経験する。チクセントミハイにより提唱されたフロー理論とは，人間がフローという経験を通してより複雑な能力や技能を持った人間へと成長していく過程を理論化した「人間発達のモデル」であり，「モチベーションの理論」である（浅川・チクセントミハイ2007）。

　人間がフローという没入的な楽しい経験を通して，より複雑な能力を身につけ，成長していく過程を示したものが図表5-4である（チクセントミハイ2008）。縦軸は挑戦（取り組むべき活動の難しさ）レベル，横軸は行為者の能力レベルを示す。挑戦と能力がつりあうゾーンにいる時（A1），人はフロー状態を経験する。ところが，その活動を繰り返し行い能力が高まれば，人はその活動を退屈と感じ始めるゾーン（A2）に入る。また挑戦レベルよりも難しい課題を突きつけられたならば，人は不安を感じるゾーン（A3）に入る。

退屈と不安は，ともに不快な経験であるため，人は再びフロー状態に入るように内発的に動機づけられ，退屈の状態であれば挑戦レベルを上げ，不安の状態であれば能力を向上させて，新たなフロー状態のゾーン（B1）に入ろうとする。

ここで，A1とB1を比較すると，ともにフロー状態ではあるが，B1はA1よりも高度な能力に裏打ちされた経験であり，豊かな経験ということができる。したがって，人はフローという楽しい経験を通して，より複雑で高度な技術や能力を身につけていくことになる。すなわち，フローとは，挑戦課題と現状の能力がつりあっているため，努力感を伴わずに活動に集中して没頭できるような状態である。活動が滑らかに進行して効率的であるばかりでなく，当人の能力を伸ばす方向に向けて発展していくような心理状況を指すのである。したがって，（エシカル・）アントレプレナーシップ教育でも，学生をフロー状態に導くPBL設計が求められる。

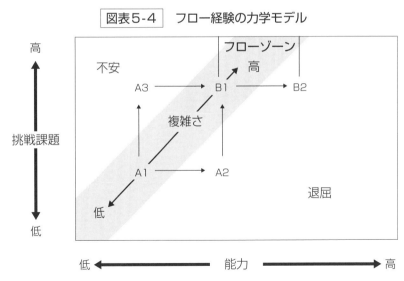

図表5-4　フロー経験の力学モデル

出所：チクセントミハイ（2008），p.83をもとに加筆修正。

5-4 エシカル・アントレプレナーシップ教育の実践

(1) 学生たちのエシコレ・プロジェクト

　2016年12月11日（日）に関西大学梅田キャンパスKANDAI Me RISEで開催された，商学部主催のエシカル・ファッション・コレクション（エシコレ）プロジェクトは，専門演習におけるPBL実践の場でもあり，ゼミ生たちが中心となり，エシコレ学生実行委員会を結成した。

　学生が作成した，非エシカルな現状を伝えるDVDを流した後，第1部でエシカル志向のブランド紹介を意図したファッションショーを行い，間に実務家と学識者によるトークショーを挟み，エシカルなプレゼント抽選会を盛り込んだ第2部ファッションショー，懇親会へと流れるイベントである。

　ファッションショーではエシカルを感じて，知ってもらう。トークショーで理解を深め，考えるきっかけを与える。プレゼント抽選会では，エシカル商品の紹介および使用する機会を提供する。そして懇親会では，エシカルの発展に向けて，賛同者や企業をつなげていく。このように，フルにエシカルに浸ってもらう1日にすることが企図されていた。

　当日のスケジュール詳細は，巻末の参考資料4を見ていただきたい。またエシコレ当日に来場者に配布したパンフレット（全12頁）の一部を同じく巻末の参考資料3に載せている。

　当日は運営学生スタッフ34名，ボランティア・モデル57名，観客348名の，450名近い人々が会場の8階大ホールに集まった。通常250名程度の定員のホールなので，大盛況だったと言えるだろう。

　この節では，エシコレというPBLの場で学生たちがどのように学んだのか，簡単に振り返ってみたい。その活動内容は多岐にわたった。

　イベントの企画書づくり，協力組織開拓，ショーの冒頭で流す非エシカルな世界のDVD作成，第1部・第2部ショーの企画運営，各ブランドの紹介スラ

イドやショー構成の作成，トークショーの企画運営，プレスリリースの作成，ウェブサイト作成，ファンドレイズ，エシカルに関する文献・定量・定性調査と分析，ショーでの衣装管理，抽選会用プレゼント品の募集と管理，エシコレ広報，参加・協力企業や抽選会用プレゼント品の紹介CMの作成，当日の運営マニュアル作成，司会者原稿の作成，入場者マネジメント，peatixサイト（入場チケット用ウェブサイト）の開設，招待客マネジメント，モデルの管理，リハーサル，ポスター・リーフレット・当日配布パンフレットの作成……。

　企業訪問を続けた日々，会議を繰り返した日々，山のようなメールの応答に明け暮れた日々，授業が終わった教室で繰り返したリハーサル，届けられた衣装と来場者プレゼントで足の踏み場もなくなった研究室での仕分け作業。あっという間の7カ月であった。

　プロジェクトで，彼らの何が変わったのだろうか。まずサンプル数は少ないが，社会人基礎力を計測してみた（図表5-5）。これは，プロジェクト終了後に，各力の伸びを5段階リッカート尺度で自己申告してもらったものだ。1がプロジェクト前より力がとても落ちた，2がプロジェクト前より力が落ちた，3はプロジェクト前と変わらない状態，4は力が伸びた，5は力がとても伸びた，を意味する。この平均値を図表5-5に表した。野菜班という他のプロジェクトメンバーと比較すると興味深い違いが表れている。エシコレ班は，主体性，働きかけ力，行動力という「前に踏み出す力（アクション）」が突出して伸びていた。

　課題も多く残されたが，エシコレ・プロジェクトとしても，エシカル・アントレプレナーシップ育成のPBLとしても，完遂することができた。以下では，その学びの特徴を項目ごとにまとめ，エシカル・アントレプレナーシップ教育について考察する。

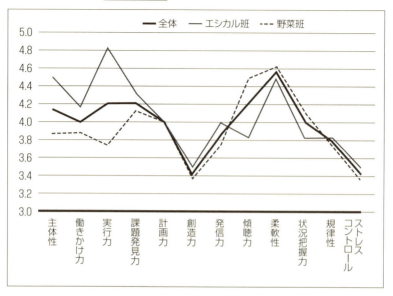

図表5-5　社会人基礎力の伸び

筆者作成。

(2) テーマを持つこと

　エシコレのスタートは，彼ら（エシコレ学生実行委員会コアメンバー）が2年生の時に取り組んだCORESでのビジネスプラン作成である。CORESとは，KUBIC（関西大学ビジネスプラン・コンペティション）への応募を考える学生たちが，ゼミ教員の指導を受けながら，ビジネスプランを作成するプロジェクト型の演習である。

　横山ゼミでは，社会問題を解決することに主眼を置くソーシャル・ビジネスのプラン作成に取り組み，衣服の大量生産・大量廃棄問題に着目した。調べていくうちに，アパレル産業はたくさんの社会問題を抱えていることを知り，彼らはアパレル業界におけるエシカル問題にテーマを定める。その後，ファッションショー開催まで紆余曲折があったものの一貫して，この大きな揺るぎな

いテーマに導かれて，彼らは，今，自分たちができることを見いだしていった。

テーマを持つことはとても重要だ。そのテーマの下で，一生懸命調査を進めるうちに，次へと進むための具体的な切り口に出会えた。

(3) 仮説をもった行動主義，出会いと編集

ファッションショーにこぎつけるまで，一貫して，とりあえず動いてみよう，やってみよう精神を発揮させた。その際，必ず仮説を持ち，一つひとつの出会いを大切に，そこから得た情報を編集していくことを求めた。

最初の大きな出会いは，NPO法人リボーン・京都だった。メンバーの一人がたまたま目にした雑誌『ビッグイシュー日本版』第272号の記事で，NPO法人リボーン・京都の特集に出会う。使われなくなった着物の再生と途上国の就労支援に同時に取り組むリボーン・京都のビジネスモデルは興味深く，彼らのテーマにあっていた。またテーマを意識していたからこそ読み過ごさずに出会えた記事だったのかもしれない。とにかくまず訪問して話を聴いた。その後，彼らはボランティアとして活動に参画するようになった。

そのような関わりの中から，リボーン・京都のような組織を応援するビジネスプラン，すなわちリボーン・京都が抱える課題の解決に資するビジネスプランをつくることに焦点が定まる。

リボーン・京都の課題は，そのビジネス自体の持続可能性だった。収益性の向上と，次世代の人材獲得が大きな課題になっていた。そしてその理由は，団体や商品の認知度が低いこと，特に若い世代に知られていないことにあった。商品は若者にも訴求する素敵なものばかりなのに，情報が伝達されていないことを，仮説を立てながら行動することで見いだす。そして，彼らは若者にこのような社会問題解決型ブランドを訴求するビジネスプランを作成した。着なくなった服や廃棄処分の服を回収し，リメイクやリサイクルを施し生まれ変わった服をファッションショーで披露して販売するというビジネスプランであった。

彼らが3年生になった時には，その具現化を求めた。ビジネスの形は難しくとも，ファッションショーの部分ならばできるだろう。ただし，なかなか決断

にいたらなかったところを，一歩進めさせたのが，ある出会い（場）だった。認定NPO法人大阪NPOセンター協力のもと，京都産業大学の佐々木利廣先生のゼミと合同で開催するソーシャル・ビジネス研究会だ。いくつかのチームが，ソーシャル・ビジネスの産学連携プロジェクトを推進してその成果を年度末に発表し合うというもの。その場で，彼らはエシコレを開催する覚悟を決める。

当時，学生たちの口からよく出たセリフが「結局，エシカルって何だ？」。まずエシカルを理解することから始まったが，文献も少なく難解であった。関連文献をひたすら読む中で，自分たちが今までいかにファッション業界の裏側に無関心であったかということに気づく。

私たちの生活はものが作られる過程から切り離されていること，便利なモノの裏側で環境・人・動物が悲鳴をあげていることを意識せずにいた彼らは，エシカルという考え方を広める活動に大きな意義があると確信する。そして，多くのエシカル関連企業・NPOを巻き込んだ大規模なファッションショーの開催をめざしていくことになる。

(4) ミッションの共有

エシカルな企業かどうか，どのように判別したらよいのか。どんな企業に協力を頼み，どうやって進めていけばよいのかという迷いを抱きながらも，彼らのミッションは明確だった。

第一に「我々が変わらなければ，社会は変わらない」ということ。社会をよりよくするためには，影響力の大きな企業が変わる必要がある。そのためには生活者の一人ひとりがエシカルを知り，エシカルを求めていく必要がある。

第二に，「エシカルの本質とは，一人ひとりが，自分なりの哲学や美学を持って生きること」ではないか，という思いだった。これらの思いがミッションとなり，大変な状況においても突き進む原動力となった。

プロジェクトや仕事を遂行するにあたり大切な能力はいくつもあるが，最も大事なのはモチベーションである。学生たちのモチベーションは，困難な時も一定水準以上に維持されていた。それは，話し合うたびに伝わってくる皆の本

気度と，少しでも良いイベントを開催してエシカルを広めたいという思い・ミッションを共有していたからに他ならない。

(5) 人々の協力を仰ぐ

学生は熱意とパワー，学生という立場，それに大学という経営資源しか持ち合わせていない。そこで，人々の協力を仰いでいくわけだが，そこで要となるのが熱意である。そして，熱意が伝わるようにできる限りの準備をすること，魅力的であること，相手にとってのメリットを提示することが重要だ。今回のエシコレ・イベントのように，持続可能な社会構築へのチャレンジの一環として，という社会的意義の大きい，共感を呼びやすいテーマを設定することももちろん重要だ。

学生たちは，協力企業への訪問面談の中で，実際にエシカルに携わっている人々の考え方に触れることができたが，先方からは「学生だからできる大きな企画だね」と励まされた。またさまざまなアドバイスをいただき，企画に反映させていくことができた。

当時のエシコレ学生実行委員会のコア・チームメンバーは9人で，それではとても追いつかない作業量に，後輩をはじめとした学内の仲間の協力を仰ぐことにもなった。後輩ゼミ生に対しても，ただ手伝ってもらうのではなく，イベントに流れる問題意識の共有を図った。企画書や経緯の説明だけでなく，関連映画の試写会を行い，エシカル・ブランドの探索ツアーを実施した。阪急うめだ本店10Fの「うめだスーク」でレクチャーを受けたりもした。そんな土壌づくりをしたことで，後輩ゼミ生たちがボランティアでこのイベントに全面的に協力してくれた。

(6) 多くの社会人と多様なかかわり方をする

学生たちは，このプロジェクトの中で多様な社会人とさまざまなかかわり方を経験する。そして関わった社会人たちが，温かく時に厳しく育ててくださったことに感激した。学生とは，どこにでもはばたいて学ぶことができる存在だ

とも気づく。

　各組織（合計11ブランド）の紹介スライドとセリフ，ショー中の音楽，映像の作成から，借りる衣装についての取り決めなどは，学生担当者が各企業と相談しながら作成を進めた。この当時の企業訪問ややり取りで，彼らは社会人との接し方を学び，社会人基礎力が身についたと感じている。

　また社会人の方からおしかりを受けることも，たびたびあった。メールのレスポンスが遅い，熱意が伝わらない，反応がわからないなど。準備が甘すぎて一度目の面談で全く何も決められなかった経験をして，相手の立場に立って事前準備することの大切さを学んだ者。できる限り少ない回数で的確に必要事項を伝えられるようにできたらよかったと省みる者。企業の方とこのような関わり方をしたことがなかったので不安はあったが，協力してくれるブランドや企業が多く，やってみること，動いてみること，伝えてみること，そして想いの大切さを知ったという者。

　人は，人とのかかわりの中で自分を知り成長する。そのかかわり方の多様性というものも，この手のプロジェクトは提供できる。

(7) チーム・マネジメントとモチベーション

　7カ月の準備期間の中で，学生たちのモチベーションは一定水準以上を保っていたが，その中でも時折ムラが見られた。低かった時と高かった時を各自に振り返ってもらった。その結果彼らが気づいたことは，つらい，厳しい，苦しい状況は必ずしもモチベーション低下に直結しないということだった。

　きついことが続いた時，延々と作業が続いた時に一瞬，モチベーションの低下を感じたようだが，彼らはその状況をカバーするマインドセットを築くことができていた。例えば，目標がしっかりしていた，チームの熱意を感じていた，すべてを楽しむように心がけたといった心の持ちようは，モチベーション維持に大きく働いている。

　むしろ，モチベーションが高まった時期を見たほうが面白い。ガントチャートなどで仕事を可視化して全員の仕事を共有することができた時。また形が見

え始めて，役割分担も明確化して，皆が自分事として捉えることができるようになった時。今まで漠然とこんなショーだったらいいなと話してきた内容が詳細部分まで一気に固まってきて，ショーの全体像がハッキリと見えてきた時期だった。

逆に，どうしてよいのかわからないとき，彼らのモチベーションは一番低かった。プレッシャーやストレスを感じる状況だ。すなわちフロー理論でいうところの，フロー状態に入っている時のモチベーションは高く，それから外れたときは退屈か不安（プレッシャーやストレス）を感じていたと考えられる。産学連携のPBLで，学生たちに対して，適切なレベルの挑戦課題を設定し続けることは難しく，時に教員や社会人の適度なサポートで，彼らの課題のレベルを調整していく必要があるだろう。

また学生リーダーは，横並び組織での立場のむずかしさを感じることがあったようだ。そのあたりをカバーするためにも教員のコミットメントが必要だ。

チームを運営していくには情報共有が不可欠であるが，今回のエシコレでは必ずしもそれがうまくいっていたとは言えない。莫大な量の情報共有を，どのようにしたら効率的・効果的に行えるのか。今回の経験から言えることは，ITによるコミュニケーション・ツールが発達した現代においても，面談が一番有効だということだ。そのあたりも，学生たちは課題として学んだ。

(8) 経験しながら学んでいくこと

今回のPBLは，彼らのフローの次元を上昇させることができたのか。学生たちのコメントから検討したい。

＊＊＊

大学での他の学習はほとんどが理論中心であるのにくらべ，実践的であったため自分の経験として蓄積された。講義で受けた理論は忘れてしまっていることがほとんどだが，エシコレはその概念にしても，さまざまなノウハウにしても，経験を通して身につけていくので記憶に強く残る。これだけ時間と労力が

かかり，大変なことの多いプロジェクトだったが，いきいきと打ち込めた。それはひとえに"関わった人"のおかげでもあると思う。いろいろな方のアドバイスを吸収して新しい知識やできることが増えていくことが，非常に楽しかった。

(北田樹)

　自主的に動くことの大切さを学ぶことができた。また，さまざまな社会人の方々と関わらせていただく機会が多く，他ではできない経験ができたと思う。

(齊内将慶)

　座学では学べないことばかりであった。勉強という点においても，気づきや発見の数，そしてその深さは今までで一番だった。体験することが一番だ。また本当の楽しさややりがいというのは努力の先にあるなと再認識した。追い込んだその先に見えるもの，得られるものが今回たくさんあった。本当に濃い充実した期間であった。

(瀬戸脇連)

　このプロジェクト経験は超実践的学習で，ここでしか得ることのできない人間関係やイベント企画の詳細部分などを学べた。またいろいろな人から話を聞く機会が多く，本などで調べるよりも現在の動向についてわかりやすく学べた。

(安田萌乃)

　学生に対して責任を持たせて，実力を養いながら成長させていく学習方法は魅力的だった。そして，大学が保有する資産を惜しみなく提供してくれる懐の広さが関西大学なのだなと感謝したい。

(高橋峻)

　企画が大きくなるにつれて嬉しいとともに，膨れ上がる仕事に翻弄された。この中で，人のマネジメントについて深く考えさせられ，組織やマネジメントや仕事術の本を読み漁った。たくさん悩んで，ノートに書きだして原因を整理したり自問したりしていた。具体的な方法は，手探りでミーティングして，ありとあらゆることを試しながら検証した。またこのプロジェクトでの多様な経験の中で，学生とは，どこにでもはばたいていける自由な学びができる存在だと気づけた。

(林佑美)

　エシカル班加入直後，周囲からの信頼がなくて仕事が与えられなかった時期が歯がゆかった。小さな仕事を拾い，ミーティングやリハーサルすべてに参加

し信頼を得られるよう努力した。本気で取り組んだため自分の個性が存分に発揮され，自分に気づくことができた。 　　　　　　　　　　　　　　　　　　　　　　　　　　　　　（藤内奎伍）

＊＊＊

　失敗に終わった案件も数多くある。ファンドレイズで実施する予定だったクラウドファンディング（CrowdFunding）は，企業担当者から説明を受けただけでまったく進めることができなかった[2]。熱意や度胸の足りなさ，危機意識の足りなさ，当事者意識の足りなさ，あらゆる不足を痛感した経験となった。プロジェクトを通して，自分事としてとらえているか，頭を使っているか，「報・連・相」をきちんと行っているかといったことを常に意識させ続けた7ヶ月間であった[3]。

　エシカルというテーマに基づくアントレプレナーシップ体験で自分なりの知恵を手にした学生を多く育て，社会の至る所で活躍してほしいと願う。学生時代だからこそ，エシカルといった抽象度が高く，すぐに成果や業績に直結しないテーマに関しても全力でうちこめる。サスティナビリティやエシカルといったテーマを軸に，プロジェクト形式の学びを遂行することは，エシカル・アントレプレナーシップ養成の一つの方法として効果的なのではないかという問題意識から始めたプロジェクトであるが，今後もこのようなPBLを継続していくことで，その効果を長期的に見ていきたいと思う。

1　ピンク（2010）は，内発的動機づけの3つの構成要素として，自律性，マスタリー（熟達），目的を掲げて，特にマスタリーにはフロー状態をつくることが不可欠だとしている。
2　クラウドファンディングとは，群衆（Crowd）と資金調達（Funding）という言葉を組み合わせた造語で，インターネット上で多数の人から資金を募る仕組みを指す。
3　報・連・相（ホウレンソウ）とは，報告・連絡・相談のことである。

◆参考文献

青木考弘（2014）「起業家育成の教育効果に関する一考察」『東北公益文科大学総合研究論集』2月20日，pp.1-26。

浅川希洋志・チクセントミハイ（2007）「効果的e-Learningのためのフロー理論の応用」『Education』48, pp.185-204。

科学技術基本計画（2016）『第5期科学技術基本計画』内閣府。

兼本雅章（2016）「産学連携による商品開発を通した起業家教育とその効果」『日本情報経営学会誌』36(4)，pp.68-79。

教育再生実行会議（2013）『これからの大学教育等の在り方について（第三次提言）』教育再生実行会議。

柴田英寿（2013）『アントレプレナーシップ論講座』日刊工業新聞社。

ダイアー，ジェフリー・H＆グレガーセン，ハル・B＆クリステンセン，クレイトン・M（2010）「イノベーターのDNA」『ダイヤモンド・ハーバード・ビジネスレビュー』4月号，pp.36-47。

チクセントミハイ著，大森弘監訳（2008）『フロー体験とグッドビジネス』世界思想社。

名和高司（2015）『CSV経営戦略』東洋経済新報社。

ピンク，ダニエル著，大前研一監訳（2010）『モチベーション3.0：持続するやる気をいかに引き出すか』講談社。

藤井文武・山本節夫（2008）「受講生の目的意識喚起と起業家精神育成を狙う授業科目の企画と実施」『大学教育』第5号，pp.35-45。

横山恵子・後藤祐一・金井一頼（2017）「アカデミック・アントレプレナーシップの新展開」『ベンチャーレビュー』第29号，pp.13-26。

OECD（2013）*Entrepreneurship at a Glance 2013*, OECD publications.

Leadbeater, C.（1997）*The rise of the social entrepreneur*, Demos.

（横山恵子，協力：齊内将慶・エシコレ学生実行委員会）

第 6 章

エシカルの最前線
――企業・NPOのエシカル・ストーリー

　本章では，14ケース（17事業者）のエシカル・ストーリーが描かれる。

　関西大学エシカル・ファッション・コレクション（エシコレ）に協力くださった企業・NPOの皆さまに，エシコレ終了後に改めてエシカルに関するお話を伺い，まとめたものである。各組織におけるエシカル実践と，それに取り組むようになった理由やきっかけ，エシカルに取り組む上での課題などについてヒアリングした。

　情報収集とケースの下書きの一部は，エシカル・アントレプレナーシップ教育の一環として，エシコレ学生実行委員会のメンバーが協力してくれた。

　エシコレに参加してくださった企業・NPOは，どの組織もエシカルについて，体験に基づいた見解を有する。そして，独自のアプローチで創意工夫してエシカルを実践してきている。

　14のケースから，エシカルの最前線に触れてほしい。

| Case

Lee（リー・ジャパン株式会社）

1983年7月設立，東京都荒川区

　Leeの原点は，アメリカ・カンザス州でヘンリー・デヴィット・リー氏が1889年に設立した，食品と生活雑貨の卸商"H. D. Lee Company"である。取扱品目の一つだったワークウエア（ダンガリーズオーバーオール）の生産に自ら乗り出した1911年以降，ジーンズ，ジャケット，オーバーオールといったデニム素材を主軸とした専門アパレルメーカーとして世界的に有名になった。

　その品質の良さと着やすさは，絶え間ない製品開発をしてきた1世紀以上もの歴史に裏打ちされている。永遠の名作とも呼ばれるジーンズ"101"は，俳優のジェームズ・ディーンが公私ともに愛用したことでも有名だ。Leeは，伝統を守りつつ最新のテクノロジーを導入して高品質な製品を生み出し続けている。

　リー・ジャパン株式会社は，日本においてはLee製品を正式かつ本格的に販売するために1983年7月に設立された。1986年12月に，株式会社エドウィン（日本）のグループ会社になったことから，従来のLee製品の輸入・販売に加えて，Leeブランドの国内企画開発と生産もスタートさせた。

　リー・ジャパンは，本業の製品企画を通して，社会的活動を実践してきている会社でもある。オーガニックコットン市場を育てるための「プレオーガニックコットン」プロジェクトへのパートナー参加[1]。ウガンダでオーガニックコットンを栽培し，それを用いた商品の生産・販売をリー・ジャパンが行い，その売上の一部をウガンダでの井戸の建設費用等にする「BORN IN UGANDA ORGANIC COTTON」プロジェクト。東日本大震災の津波により稲作が困難になった農地で綿を栽培して，紡績・商品化・販売まで一貫して行うプロジェクトである「東北コットンプロジェクト」の立ち上げと参画[2]。

REBIRTH PROJECTと取り組む，倉庫に眠るデニムデッドストック生地，B品，C品製品を蘇らせるプロジェクト「Lee BIRTH PROJECT」などだ。

　本エシコレには，協賛企業として全面的にご協力くださった。当日来場者プレゼントのジーンズ無料引換券は注目のプレゼントとなり，会場を沸かせた。

　リー・ジャパン株式会社の取締役である細川秀和さんは，エシコレ開催に欠かせない存在であった。開催前の夏に関西大学千里山キャンパスまでお越しくださり，学生実行委員会に，エシカルの現状のお話とアドバイスをしてくださった。その多面的なお話内容と，経験や知恵と思いに裏打ちされた細川さんの言葉はとても強く我々に響いた。さらにその後，商学部のアントレプレナーシップ・セミナーでもご登壇いただいた。

【細川さんとの一問一答】

細川秀和さん
(リー・ジャパン株式会社
取締役・ディレクター)

Q. エシカルに取り組むようになったきっかけについて。

A. 1990年に入社した当時，ジーンズの洗い加工はケミカル・ウォッシュが主流で，工場には塩素の匂いが立ち込め，それは過酷な労働環境でした。また同時に環境負荷の高いビジネスであることにも気づき，改善を夢見たことがきっかけとなりました。

Q. 東北コットンプロジェクトから見える，日本のオーガニックコットンにまつわる現状と課題について。

A. 江戸時代までは日本国内でも綿花の生産は盛んでしたが，現在はほぼ100％，海外からの輸入です。国内での綿花生産コストが高くつき市場価格

に見合わないからです。つまり，輸入している綿花の価格はとても安く，そこには安価な労働力が使われています。

　綿花に限らず，第一次産業では低価格を実現するための「しわ寄せ」が弱いところへ来ます。先進国では，それを穴埋めするための補助金制度がありますが，その制度がない国での第一次産業の搾取構造の改善はとても困難です。しかしながら，生産性の向上のための技術供与や安全性の確保，児童労働の撲滅などは，我々が改善できる課題です。

Q. Lee BIRTH PROJECT は在庫を持つビジネス全般の課題を前向きに捉えたアクションだが，それに対する社会からの反応について。

A. 　Lee BIRTH PROJECTは，さまざまな社会問題に取り組む「RE BIRTH PROJECT」と「Lee」とのコラボレーションで生まれた企画です。即時に現金化できない不良在庫に新たな価値を加え，売れる在庫に変える取り組みは，マスコミや市場から大きな賞賛を得ました。しかしながら，売れないものに「新たな価値というコスト」をかけるビジネスモデルはリスクも大きく，他への広がりには限界も感じています。確実に売れるという根拠が必要かもしれません。今後も，彼らと新たな取り組みを生み出していく予定です。

Q. エシカルな事業努力をする上で，印象に残っていること。

A. 　インドで取り組んでいる Pre-Organic Cotton（P.O.C）の参加農家さんの住居が，建て替えられて綺麗になっていました。P.O.Cへの参加で収入が増えて実現したのです。

Q. エシカルとファッションという点で，課題と今後について。

A. 　アパレル市場は高価値高価格市場とグローバルブランドの低価格市場との2極化がますます進み，日本で過去中心価格帯であった中価格トレンド市場は年々細分化されてきています。特に低価格市場に向けては，価格を

安く抑えることにのみ主眼が置かれることにならぬよう，工場監査をしっかりと行い，労働者にとって不利な環境にならないように，より一層注視していく必要があるでしょう。

Q. 読者に対するエシカル・メッセージ。

A. 搾取を行わない，安全な労働環境の整備，環境負荷を下げることなどは本来，経済活動を行う上では「あたりまえ」のことです。しかし，人々の欲が自己中心的な強欲に変わった瞬間から「歪み」が生まれ，さまざまな問題が生み出されるのかもしれません。そう考えれば「エシカル」という概念は，本来ならば必要のないものとも言えるでしょう。

また，フェアトレードを考えた場合，どうしても発展途上国を意識しますが，日本でも第一次産業を中心に，フェアではない取引が多々存在します。このような問題を一気に解決することは不可能なので，消費行動から，少しずつ，一歩一歩解決していこうとする動きが「参加型エシカル消費」なのです。そして，商品を提供する我々は，一消費者でもあります。小さな意識の積み重ねにより，いずれ大きなうねりになることを期待しています。

---

1 プレオーガニックコットンプログラム，http://www.preorganic.com/，2017年11月14日閲覧。
2 東北コットンプロジェクト，http://www.tohokucotton.com/，2017年11月14日閲覧。

（協力：瀬戸脇連）

Case

株式会社ココウェル

2004年8月設立，大阪府大阪市

　株式会社ココウェルは，ココナッツ製品・ココナッツオイルの専門店である。ココナッツの自然の力を最大限に生かしたものづくりに努め，ココナッツ製品の輸入販売および製品開発を行っている。

　その事業目的は，より多くの方に「人と地球に優しい」ココナッツの魅力を伝えること，そしてココナッツを通してフィリピンを少しずつでも貧困のない国に変えていくことにある。付加価値の高いココナッツ製品を生み出すことで，ココナッツ農家や生産者の生活をより良くできると考えて，さまざまな商品開発を行ってきた。

　その商品ラインナップには，エキストラバージンココナッツオイルやココナッツシュガーといった食品類のほか，リップクリームなどのココナッツ化粧品，ココナッツの殻を利用した雑貨類など多岐にわたる。また，東京都世田谷区には直営店「cocowell自由が丘店」，大阪市西区には「cocowell cafe」というココナッツを料理に使用したカフェ（写真）を展開している。

　同社は，ココナッツ農家を始めとするフィリピンの貧困問題の解決に向けて，事業を通したさまざまな社会的活動を展開する。「WITH COCO FARMER」プロジェクトでは，ココナッツ農家の環境改善のために，すべての商品の販売代金の一部を使っている。「COCOFUND」プロジェクトは，ココウェルと認定NPO法人D×Pの共同プロジェクトだ。中退・不登校等の経験を持つ日本の

通信制高校生がフィリピンの貧困を知るスタディーツアーに参加するための基金を募るプロジェクトである。ココウェル商品のリップクリーム「ココファンドリップ」1本につき100円を基金とする。どちらのプロジェクトでも，ココウェルの顧客は商品を購入することで，支援に参加することができる仕組みになっている。

　2016年には，「Francis＋Dale」という食器ブランドを立ち上げた。このブランドは，フィリピンで最も貧しい島の一つとも言われるレイテ島での雇用創出を目指してつくられた。「Francis＋Dale」事業は，島のマホガニー材を活用した持続可能な産業育成を目指すフェアトレード事業である。

　エシコレ開催にあたり，来場者全員分（400名）のココファンドリップとパンフレットをご提供いただいたほか，代表取締役の水井さんにはトークショーにご登壇いただいた。

【水井さんとの一問一答】

水井裕さん
（株式会社ココウェル 代表取締役）

Q. 学生時代にフィリピンに環境留学した経緯について。

A. 　学生時代は外国語大学で英語を勉強したのですが，子どもの頃から環境問題に関心があり，より専門的に学ぶために大学卒業後，尼崎市にある環境の専門学校に入学しました。なかでも途上国の環境問題に特に関心を持ち，実際に途上国の現状を知るためにフィリピンに環境留学したのです。

Q. なぜココナッツに注目したのか。

A. 留学中，授業の一環でマニラにあるゴミ山を見学する機会があり，そこで小さな子どもを含む多くの人たちがゴミの中から鉄くずやプラスチックなどリサイクルできるものを集めている光景を目の当たりにしました。彼らはその集めたものを業者に売り，僅かばかりのお金で生活していて，フィリピンに根付く貧困問題に衝撃を受けたのを覚えています。

ゴミ山で暮らす人々について調べてみると，大部分の人々が農村部から来ていることがわかりました。農村部に働き口がないため，仕事を求めて都市部に移動してくるものの，結局仕事が見つからずに，スラム街や路上・ゴミ山で暮らすことになるのです。根本的な解決には，農村部に仕事を生み出すことが必要だと感じました。第一次産業に携わる人々が貧しいのは不条理だと思い，農村をまわったところ，フィリピンの農村では至る所にココナッツが生育しています。このココナッツが，環境問題や貧困問題の改善に役立つのではないかと思い，ココナッツ関連の製品の販売をはじめました。

Q. 創業当時について。

A. 創業当初は販路も当然なく，売上もなかなか上がらず，毎週末のようにフリーマーケットに参加してココナッツオイルを販売していました。良さを知ってもらうには，まず実際に使っていただく必要があるので，人が集まるところで試していただく機会を作っていたのです。しかし，当初3年ほどは他でアルバイトをしながら事業を運営していました。

Q. 事業の歩みについて。

A. やはり何事もまずは10年続けてこそだと思います。2010年以降にスタッフの数も増え，事業も安定してきました。

Q. 日本のエシカルに関する環境変化について。

A. 大手企業がエシカルに取り組むようになったこと，エシカルに関心が高い学生が増えたことは実感しています。実際，エシカルに関わる内容での講演依頼も増えました。

Q. 「COCOFUND」プロジェクトなど，教育支援を行う理由について。

A. 自分自身が学生の頃にフィリピンを訪れ現地の実情に触れたことで，現在このような活動をしているわけです。できるだけ多くの若者に対して，世界で起こっている問題を自分自身の目で確かめる機会を作っていきたいと考えています。

Q. ココナッツを一時的なブームで終わらせないために取り組まれていること。

A. 2016年7月にココウェルカフェをオープンしました。ココナッツ専門店だからこそできる上質なココナッツと，可能な限り自然栽培と有機にこだわった野菜やお肉などを使用したヘルシーメニューを提供しています。

ブームではココナッツの本当の良さは伝わらないため，実際にココナッツ料理を食してもらうことで，ココナッツの美味しさや使い方，その効能を一緒に伝えたいです。今後も各地に展開していき，将来はフィリピンに出店し，本場でココナッツの良さを伝える活動を行いたいですね。

Q. 今後の展望について。

A. 世界にココナッツの魅力を伝えていくことがココウェルのミッション。そのためにはカフェ業態だけでなく，フィリピンに滞在型のココナッツのテーマパークを作ること，それが私たちの大きな夢です。

Q. 読者に対するエシカル・メッセージ。

A. エシカルは他者への思いやりです。遠く離れた国の人々のこと，将来の子ども達のこと，そして地球のこと。利他のこころを育みましょう。

（協力：林佑美）

Case

認定NPO法人リボーン・京都

1979年12月設立,京都府京都市

　認定NPO法人リボーン・京都とは「女性のエンパワーメント」,「洋裁を通じた国際協力」,「ともに笑顔を目指して」の3点をミッションに掲げ,洋裁の技術指導を通じて途上国の女性の精神的経済的自立を支援している非営利組織である。活動内容は主に,途上国における洋裁・織物の技術指導と,そこでつくられた作品の販売である。その際,日本全国から寄贈してもらう古着の着物地を活用して作品を制作している。

　作業の流れは以下の通りだ。①着物寄付(日本全国より中古の着物を寄付として集める),②教材準備(日本事務所にてボランティアの協力の下,集まった着物を洗いほどきし,教材として途上国へ送付),③洋裁訓練(途上国にて日本人専門家の指導による洋裁技術指導),④フェアトレード(制作された作品は,フェアトレード形式で作品評価結果にもとづいて取引),⑤販売(京都販売店や,日本・米国でのチャリティセールにて販売),そしてこの販売の売上の一部が法人の活動資金と,訓練生や修了生への奨励金となっている。

　1979年に設立されてから現在までにカンボジア,ベトナム,スリランカなどのさまざまな国で洋裁技術指導とフェアトレード事業を行ってきた。東日本大震災後には,京都に避難している被災者を対象に,洋裁技術訓練による経済的自立を目的とした,洋裁ワークショップを実施した。

　リボーン・京都は,エシコレ学生実行委員会が最初にアプローチした団体だ。企画段階から相談に乗っていただき,学生実行委員会メンバーはボランティアとして団体の活動に参加した。エシコレ当日のファッションショーでは,衣装の無償貸与だけでなく来場者プレゼントも提供していただいた。エシコレ開会

式でご挨拶いただいた理事長の小玉さんと，スタッフの髙道さんにお話を伺う。

【小玉さん・髙道さんとの一問一答】

小玉昌代さん（認定NPO法人リボーン・京都 理事長，左写真中央）
髙道由子さん（認定NPO法人リボーン・京都 スタッフ：取材時，右写真中央）

Q. 設立時について。

A. 1979年に発足したカンボジア難民救援会の婦人グループ「お仕事会」が当団体の起源です。当初の主たる資金源は，カンボジア難民支援への募金や支援金として送られてきた寄付金で，寄付者から「寄付金はすべてカンボジア難民に送ってほしい」という要望があったため，活動のための事務経費を寄付金から捻出することが認められませんでした。そのため，お仕事会は事務経費捻出のために，バザーを行って，自分たちで経費を調達しました。

　お仕事会は，22年間カンボジア難民救援会（現在は日本国際民間協力会）で活動後，2002年に「特定非営利活動法人リボーン・京都」として独立し，2016年に認定NPO法人の資格を取得しました。

Q. 事業の歩みについて。

A. 　カンボジア難民救援会で日本全国から古着集めをし，カンボジア難民に送っていたのですが，古着の中に日本の着物が混ざって送られてきたこと

がありました。それは，難民には役に立たないので，送らずに置いていたところ，ボランティアのデザイナーが，着物から洋服を作る技術をお仕事会メンバーに指導して下さり，その洋服を「リボーン・ウェア」と名付け，チャリティーバザーで販売しました。そのニュースを知り，着られなくなった着物が日本全国から送られてきて，現在まで続いています。

　最初は，タイとカンボジア国境の難民キャンプから始まり，女性の自立支援のために，洋裁技術訓練を提供し，その訓練生に対して，完成したリボーン・ウェア１作品ごとに謝礼金を支払い，訓練生の生活を支えました。その後，この事業はベトナム，イエメン，スリランカ，ラオス，ヨルダン，ルワンダと広がりました。いずれの場所でも，絹の着物地を教材に洋裁技術指導を実施しています。

Q. 就業支援を経た洋裁技術訓練生のその後について。

A. 昨年度，ルワンダで３年間の外務省の（ODA）日本NGO連携無償資金協力が終了しましたが，2017年７月にゆうちょ財団のNGO海外援助活動助成事業の助成金をいただきフォローアップを実施したところ，訓練修了生のほとんどが，縫製関連の職を得ていました。ルワンダでは，古着の輸入をストップする政策が行われ，国内における仕立て屋の需要が高まっていることも追い風になっているようです。訓練修了生の就職先としては，海外の工場やNGO等のワークショップで働く人もいれば，自ら小さな会社を起こした人もいます。このようなたくましい姿が見られとてもうれしく思っています。

Q. ルワンダのプロジェクトではハイレベルな技術指導を行い「メイドインルワンダ」ファッションの実現を目指された。そのプロジェクトについて。

A. 困難だったことは，訓練生が訓練修了後も，私たちの掲げた「メイドインルワンダ」に主体的にコミットできるか，という点でした。支援団体が理想を掲げていても，訓練生にやる気がなければ実現せず，支援団体の目

標が訓練生の目標とずれてしまうこともあります。訓練生の中には，そのような大きな目標よりも，自分の生計を立てることで精一杯な訓練生もいます。

しかし，訓練生の中でもリーダー的な存在であったアシスタントの中には，海外に向けて自分たちの洋服を売り出すことに強い関心を抱いている者もいました。彼らは，すでにルワンダ国内の大きなファッションショーや雑誌にも取り上げられ，さらなる技術向上にひたむきに取り組んでいます。彼らが，ルワンダのファッション業界を牽引する形で，他の訓練生やまだ日の目を見ていない人々を巻き込んでいってくれることを期待しています。

Q. エシカルに関して感じる変化について。

A. 活動当初と比較して，参入団体が増加したと感じています。活動当初は，珍しさからか，百貨店などで販売すれば大きな売上をあげることができました。しかし，現在はそれほど単純ではなく，競争も激しいです。エシカルであるだけでなく，おしゃれなもの，かっこいいものを作れるかどうかが重要になっています。当団体も，リボーン・京都の特徴である「着物」をキーワードにしながらも，ターゲットを若い世代や日本を訪れる海外の方々にシフトしていく時期に来ていると思います。

Q. 読者に対するエシカル・メッセージ。

A. リボーン・京都の考えるエシカルは，日本の伝統である着物を「リボーン」すること，そして，その洋裁技術で途上国の人々をエンパワーすることです。これからも当団体のユニークな活動のご支援をお願いいたします。

（協力：齊内将慶）

Case Love&sense

Love&sense（株式会社福市）

2006年11月設立，大阪府大阪市

　株式会社福市は，「持続可能な社会に向けて行動を起こす個人や企業を増やしていく」ことをミッションに掲げて，フェアトレード事業と，関連するコンサルティング事業を主として展開している。環境破壊や紛争，人身売買，児童労働といった問題の背景には，途上国が抱える「貧困」が存在する。そして，日本にいる私たちもそうした貧困の発生に遠隔的に関わっているという自覚の下で，福市は貧困をなくすための手段としてフェアトレードに取り組む。そのために立ち上げられたのが，Love&senseというブランドだ。

　Love&senseでは，貧困にあえぐ国や人々が「かわいそうだから」ではなく，そこでつくられた商品が「カワイイから」，「素敵だから」こそ買ってもらえるような企画や売り場づくりを提案してきた。

　また東日本大震災後には，被災された人たちに手仕事をつくって支援するプロジェクト「EAST LOOP」を立ち上げ，200人もの作り手に収入を届けた。

　エシコレでは，Love&senseからプルタブのバッグや天然の木の実で作られたタグアのアクセサリーを貸していただいた。黒で統一した服装を着たモデルに，それらのバックやアクセサリーはとても映えた。

　福市の代表取締役，高津玉枝さんは，ショーへのアクセサリー類の無償貸与と来場客へのプレゼント提供だけでなく，エシコレの企画の初期段階から的確なアドバイスをくださり，トークショーでもコーディネーターをつとめてくださった。

【髙津さんとの一問一答】

髙津玉枝さん
(株式会社福市 代表取締役)

Q. 貧困をなくすアプローチとして，「今までより意識の高いお買いもの」に注目した理由について。

A. もともと流通業を主体としたマーケティングの仕事をしていて，そこで感じていた課題は，「流通業に携わる人たちの意識が変わらなくては，エシカルな商品は消費者の手元に届かない」ということでした。

　ボランティアや寄付は，時間やお金がないとできません。しかしお買い物は，誰もが日常的に行っているもので，最も参加しやすいアクションです。その中で皆の意識が変われば，世の中は変わっていくのではないかと信じています。

Q. フェアトレードを推進していく上で大変だったこと。

A. 設立当時は，フェアトレードの認知度の低さが一番の課題でした。同時に，自らの行動が世界の貧困問題と繋がっていること（例えば，ラナ・プラザの倒壊事故，コットン農家の農薬の問題，鉱山開発など）を理解している人は少なくて，そのため，課題として感じとることが難しいのではないでしょうか。

　人間は課題を感じたら改善しようと考えますが，感じない時は行動に移せません。したがって，講演など人前で話をする機会をいただくたびに，こういった話を続けてきました。それをひとつずつ積み重ねていくことがとても大切だと思いながら活動を続けています。

Q. フェアトレード事業の推移の中で印象に残っていること。

A. フェアトレードの認知度が上がって応援してくれる人たちが飛躍的に増えたことです。また一部では流通業の中でも関心を持ってくれる人が増え、フェアトレードのイベントや、メディア露出が増えてきています。雑誌や新聞などで、取り扱う機会が増えていることも印象的ですね。

Q. HPに髙津さんが他国の子どもたちに囲まれて写っている写真があるが、こういった国々を周って感じられたこと。Love&sense商品を使って伝えたいこと。

A. すこし矛盾した話になりますが、私たちは貧困撲滅のためにフェアトレードを推進しています。そのため訪れる国の多くは貧しく、貧困ラインで暮らしている人たちがたくさんいます。子どもたちは教育も満足に受けられず、インフラが未整備でとても不衛生な場所もたくさんあり、一般的に見てかわいそうと言える状態にあります。

しかし、それぞれのコミュニティでは、そこで逞しく生きる人たちが自立して生計を立てていて、（たとえ貧しくても）仕事に誇りをもって家族を大切にして、子どもたちはのびのびと育っています。それを見る限り、収入の多い少ないだけが幸せの尺度ではないなと思います。例えば、子どもたちの笑顔は日本ではなかなか見られないような弾けたものばかりです。

かわいそうだから施しを与えるのではなく、どの国・人種であろうと、お互いが尊厳を持って取り組んでいくことが大切なのではないでしょうか。これを買えば誰かが助かるという視点だけでなく、作った人に思いを馳せ、リスペクトして商品を大切に使うことが、これからの時代に必要なことだと考えます。

Q. 髙津さんがめざす「エシカルな買い物がかっこいい時代」に現在は近づいているか。

A. 少しずつですが、シフトしているように感じています。私たちは、途上国の人たちと協力して今の時代に合う素敵なものを作り続けていく必要が

ありますね。

Q. エシカルやフェアトレードといった概念の課題について。

A. 少しずつ認知度は上がってきていますが，本質的な部分を理解している人たちはまだまだ少ないように感じてもいます。先日，とある大学で300人余りに講演しましたが，「フェアトレードについて高校の時に学んだが，今日の話を聞いて初めて意味がわかった」というようなコメントが数多く寄せられました。

高校の先生も現地に行くことはなかなかできないでしょうし，どのように教えたらよいのか戸惑うこともあるのではないでしょうか。広げるためには教育が不可欠ですが，背後にある課題や，課題の本質まで伝えないと，フェアトレードの意味はなかなか伝わらないかもしれません。

言葉の問題も大きなポイントです。エシカルの概念，フェアトレードの概念についてざっくりしたものはありますが，具体的な定義となると，統一されているわけではありません。時代が急速に変化している昨今，このような単語を完全に定義することは難しいかもしれませんが，もう少しわかりやすく伝える必要があるでしょう。

Q. 今後の展望について。

A. より多くの人たちにフェアトレードについて伝えていきたいですね。Love&senseの商品を使うことが，あるいはプレゼントに活用することが，ちょっと素敵で新しい価値になるように，ブランドを育てていきたいと考えています。

Q. 読者へのエシカル・メッセージ。

A. 皆さんはエシカルについて学んでいます。同時に世界で起こっていることについても学んでいます。このことを知識としてとどめておくのではなく，行動に移してほしいと思います。一人の行動が変われば，必ず世界の行動は変わります。より良い世界に向けて，まず自ら行動を起こしましょう。

（協力：北田樹）

Case

1999
sisam

有限会社シサム工房

1999年4月創立，京都府京都市

アイヌ語の「シサム」は，「良き隣人」を意味する。世界中の人たちと「シサム」として付き合いたいと考えてフェアトレードを展開しているのが，有限会社シサム工房だ。作り手，売り手，買い手，社会，地球環境の五方に優しいフェアトレード事業に挑戦し，「世界各地で育まれてきた技術や文化」に敬意をもってモノづくりを行っている。地球に優しく，作る人にも，使う人にも安心なものを広めるために，土に還る天然素材やオーガニック製品など，シンプルでナチュラルなライフスタイルを提案する。

「フェアトレードの現場に商品開発力と販売力を」という考え方の下で，シサム工房は，販売拠点づくりとオリジナル商品開発に力をいれている。主な販売拠点として京都，大阪，神戸，東京の域内8か所で直営店を展開。またオンラインショップでも販売している。オリジナル商品開発では，お客様や販売スタッフの声をもとに商品を企画し，仕様書と型紙を作り，定期的に現地NGOや生産者といったパートナーのもとへ出向き，発注・出荷に至るまでさまざまなやり取りを重ねている。シサム工房のフェアトレードのパートナーは，6か国に13団体以上ある。

シサム工房では，「お買い物とは，どんな社会に一票を投じるかということ（What you buy is what you vote）。」という考えのもと，20年近く活動を続けてきている。

エシコレでは，衣装の無償貸与，観客へのプレゼント提供，後援という形でご協力いただいた。代表取締役の水野泰平さんや管理部門統括の村上雅敏さんは，我々の数えきれないほどの依頼に親身にご対応くださり，アドバイスや激励の言葉をかけてくださった。

第6章　エシカルの最前線

【水野さんとの一問一答】

水野泰平さん
（有限会社シサム工房 代表取締役）

Q. 創業について。

A. エスニック雑貨屋さんでの4年間のバイヤー経験を経て，1999年4月25日に独立開業しました。「途上国に暮らす人たちと，より良い関係でつながって生きていきたい」という学生時代から持っていた想いがシサム工房の創業につながりました。創業時にさまざまなことを仲間が手伝ってくれたことに，今でも感謝しています。

Q. エシカルな事業努力の中で，嬉しく思うこととは。

A. 地道に継続してきたことで，海外のフェアトレード・パートナーやお客様との信頼関係が築けてきていること。そして，こうした事業をしているからこそ，心根の良いスタッフが集まっていることですね。

Q. 創業から現在までの事業の歩みについて。

A. よりいいと信じる方向に向かって少しずつ歩んできました。これからもそうです。転機になったのは，2002年に個人事業から有限会社へ組織替えして，個人を超えたレベルでフェアトレード事業を行う決心をしたこと。そして2006年には，商品開発の専門部署（商品部）を作り，フェアトレードの仕組みの中で本格的に商品開発と販売を担っていく体制を作ったことです。これらが今につながっています。

Q. エシカルに関して感じている変化と，貴社の対応について。

A. フェアトレードにしても，エシカルにしても，言葉を知っている人が多

くなっている一方で，フェアトレードをチャリティと重ねて認識し，質が低くて価格が高いもの，消費者に負担をかけて成り立つものといった漠然としたイメージを持つ人がいまだ多いとも感じています。当社ではそうしたことも頭に入れながら，価格はもとより商品のデザイン・質にこだわり，また誰もが気軽に出入りできる間口の広いショップを発信場と位置づけ，フェアトレード商品を上質でおしゃれなものとして提案しています。

Q. 商品やパートナーを選ぶ際の基準や心がけていること。

A. シサム工房の商品は，現地のNGOスタッフや生産者と一緒に，商品部に所属する7人の専属スタッフが企画・開発したものが大半です。生産者の持つ技術や素材などを出発点として，お客様を想像しながら，シサムのテイストとしての素材感と遊び心を加えて，商品開発を行っています。

国内仕入れの商品セレクトについては，各店のスタッフが行っていますが，その前段階の取引決定は，共感できる背景を持つかどうかを基準に私が判断しています。海外のフェアトレード・パートナーについても，その考え方や具体的な社会活動などを確認した上で，取引を始めてきました。

Q. 現地の人と一緒に活動する中で嬉しかったこと。

A. 10年以上継続的につながっている生産者の人が「シサムは常にそこにあり，見守ってくれている大きな木のようだ」と言ってくださったことかな。

Q. 生産者とともに商品開発を行う中で困難だったことやよかったこと。

A. 一番は，質を高めていくこと。生産環境が整っていないことに加えて，質に対する考え方，感覚が全く違う現地の人たちとともに，日本市場でちゃんと評価されるものづくりをしていくことが最も難しいことです。今は，作り方，検品の仕方まで，具体的な方法を現地の人と一緒になって考え，質をコントロールする仕組みを作っています。生産者の人たちと一緒に取り組める関係性をつくれていることがうれしいことでもあります。

Q. フェアトレードの現地生産者の労働環境について。

A. 私たちの生産者の労働環境は，確実に良くなっています。間に入るフェアトレードNGOの活動が深化していて，給与や労働時間はもとより，衛生や健康管理，環境への配慮など，さまざまな面で生産者の環境は改善しています。

その一方で，2013年に起きたバングラデシュのラナ・プラザビル崩落事故で顕在化した，先進国の消費者には見えない劣悪な労働環境は，今もなお普通に存在しているでしょう。だからこそ，破格な安値の商品が市場で売られていると考えられます。

Q. エシカルな事業のツボとは。

A. 消費者の支持があって初めて成り立つのが事業。思いだけでは続きません。社会的な強い思いを持ち続けるだけでなく，フェアトレード事業のプロとして事業に関わるという，プロ意識を関わる全員と共有することが重要です。そして，社内ではフェアトレード事業には「意志とリスペクトと根気が必要不可欠！」ということをよく言っています。また，エシカルという概念が普及するためには，楽しさやお洒落さが重要なキーワードになると思っています。

Q. 今後の展開について。

A. 今後，「フェアトレード」というキーワードだけが広がることを危惧しています。当社は，そのキーワードだけでなく，ものの後ろにあるストーリーに思いをはせる価値観を伝える，発信力のある会社でありたいです。

Q. 読者へのメッセージ。

A. お買い物を意識する人が増えれば社会は変わると信じています。我々は，社会に五方良しのものやサービスを広め，お買い物の力で，思いやりに満ちた社会をつくっていきたいですね。

（協力：齊内将慶）

Case

People Tree
Fair Trade & Ecology

ピープルツリー
（フェアトレードカンパニー株式会社）

1995年1月設立，東京都世田谷区

　ピープルツリーは，フェアトレード専門ブランドである。このブランドを展開する会社，フェアトレードカンパニー株式会社は，イギリス出身のサフィア・ミニー氏により設立された。「人も木も地球に生きるすべてがフェアに暮らせる世界へ。」という理念を掲げて，途上国の生産者パートナーとともに衣料品・雑貨・日用雑貨・食品などの商品を開発して適正な価格で輸入し販売している。現在は，16か国約110の生産者団体と取引している（2018年4月）。

　特に，ファッションアイテムに関していち早く本格的にフェアトレード事業を立ち上げたことで世界的に有名である。ファッションに目をつけたのは，コーヒーやチョコレートといった農産物よりも工程が多いので，より多くの人々の雇用につながるほか，デザインによって付加価値を高めやすいからである。ピープルツリーは，フェアトレードを広めるために，日本人が毎日着られる洋服づくりを目指してオリジナルな商品開発を行ってきた，フェアトレード・ファッションのパイオニアなのだ。オーガニックコットンなどの天然素材を使い，その土地に伝わる伝統技法や手仕事を活かし，人にも環境にも健康的な方法で，持続可能なものづくりを実践してきている。

　同社は，1996年からWFTO（世界フェアトレード機関：World Fair Trade Organization）に加盟している。2013年には，「フェアトレード保証」認証を世界で初めて取得して，その認証ラベルをつけた商品販売を始めた。「フェアトレード保証」認証とは，WFTOが定めた「フェアトレードの10の指針」が守られていることを示すもので，具体的には経済的・社会的に立場の弱い人々

第6章　エシカルの最前線

への雇用創造，フェアな労働条件の確保，適正な賃金，生産者個人や組織の能力開発，トレーサビリティの確保，児童労働や強制労働の禁止，環境保護など多岐にわたる10指針の基準を満たしている必要がある[1]。

エシコレでは，衣装を貸してくださり，エシコレ参加者へのプレゼントもご提供いただいた。エシコレ開催に至るまでに，学生実行委員とピープルツリーとの間では数えきれないほどのメールや電話でのやり取りが行われたが，そのすべてにきめ細やかに対応くださった。

【鈴木さんとの一問一答】

鈴木啓美さん
（ピープルツリー（フェアトレードカンパニー株式会社）
広報担当：取材時）

Q.　現在の会社の規模について。

A.　創業当時の年商は3500万円。スタッフ3名でのスタートでした。母体NGOの設立から数えて27周年を迎えた現在は，年商約9億円，スタッフ数約60名規模まで成長しています。

Q.　フェアトレード・ブランド「ピープルツリー」の商品は日本だけでなく，ヨーロッパでも販売されている。そこから見える，日本のエシカル（もしくは消費者）の特徴や課題について。

A.　増えてきているとはいえ，日本ではまだ，フェアトレード商品を買える場が限られています。欧米では，フェアトレード商品は日常の選択肢の一つになっていて，普通のスーパーで通常商品と並んで売られていることが多いです。そのため，スーパーなどの小売り側も，フェアトレード商品を扱っていることで社会的な活動をしているとPRすることができます。

日本では専門店やこだわりのお店にしか置いていないケースが多く,「わざわざ」出向かないとフェアトレード商品に出会えません。そうではなく,「かわいいから」,「おいしそうだから」と手に取った商品がたまたまフェアトレードだった,という出会い方がベストだと思っています。

Q. 多くのデザイナーとコラボレーションしている理由や背景について。

A. エシカルな商品をつくりたい！と思っても,自社の仕組みだけでは実現できない企業やデザイナーさんの思いを,具体的に形にするためにコラボしています。ピープルツリーにとっても,自社を新たな人々に知っていただくきっかけになります。途上国のつくり手にとっても良いチャレンジとなり,クオリティや創造性の向上にも役立っています。

Q. ピープルツリーの広報担当として困難なことや,嬉しいことについて。

A. 広報というと,会社や商品のことを知ってもらいファンになってもらう活動がメイン。しかし,「フェアトレード」専門ブランドと言っても簡単には伝わらず,そもそも「フェアトレードとは何か」をわかってもらう必要があります。フェアトレードにまつわる説明は,難しいイメージを持たれてしまいがちですが,そこをいかにわかりやすく伝えるか苦心しています。さらに言えば,わかってもらうだけでなく,一人ひとりの具体的なアクションにつなげることが大事なので,フェアトレードを自分事として捉えてもらうことを意識して社会とコミュニケーションをとっています。

　嬉しいのは,フェアトレードや社会への善いアクションについて関心を寄せる人が多くいることを直接知れること。フェアトレードを知ることで,心から楽しくなる選択肢がひとつ増えたと思ってもらえ,社会に対して何か善いことをしたいが何をしたらよいかわからないという方のヒントになれたら嬉しいですね。

Q. フェアトレードを実践・啓発する企業として感じる責任について。

A. 成功事例として継続することが重要だと思っています。

Q. 読者に対するエシカル・メッセージ。

A. ストイックにならず,「楽しい」,「ときめく」,「心地いい」というような,自分の五感に基づく幸せを大事にしてください。それが続けるコツだと思います。頭でっかちに「こうせねばらならない」と無理に頑張ると,継続が難しくなります。

　フェアトレードに限らず,例えばオーガニックの美味しい食材や,手づくり作家さんの作品など,素敵な商品はいろいろあります。お買いものは日常的に何度でもできる,投票行為。だから,お買いものをすることで,自分が好きな商品やサービス提供者・組織をサポートすることになるのです。それによって自分も好きな商品・サービスを購入し続け楽しめることができます。大切なお金なので,ぜひ一石何鳥にもなる使い方を考えてみてくださいね。

手仕事を活かすことで,人と地球にやさしい持続可能な生産を支えます。

---

1 『People Tree 会社案内　2017年』,https://saas2.startialab.com/acti_books/1045178563/14101/_SWF_Window.html,2017年10月1日閲覧。

（協力：林祐美）

Case 株式会社オルタナ

2006年9月設立，東京都目黒区

　ソーシャル・イノベーション・マガジンの「オルタナ」は，環境，CSRにフォーカスした日本唯一のビジネス情報誌である。取材分野として，環境，CSR，自然エネルギー，第一次産業，ソーシャル，エシカルなどのキーワードをあげている。紙版冊子『alterna：オルタナ』以外に，オルタナオンライン，オルタナS（若者向けエシカルメディア），CSRmonthly（CSR担当者とCSR経営者向けニュースレター）を発行する。

　エシコレ開催に向けては株式会社オルタナからご後援いただくとともに，オルタナS編集長の池田真隆さんにたくさんのアドバイスをいただいた。「オルタナS」は，2011年から発行されている。オルタナSの「S」はStudentとSocialの「S」。若者による社会変革を応援するウェブメディアである[1]。

【池田さんとの一問一答】

池田真隆さん
（株式会社オルタナ「オルタナS」編集長）

Q. これまでに執筆されたエシカル関連記事の数について。

A. 現時点（2017年8月10日）での記事総数は4,808本です。どの記事も社会問題を背景にしたもので，広い意味でエシカル関連記事だと認識しています。

第6章 エシカルの最前線

Q. 取材において,困難だったこと。

A. 日本ではエシカルの定義づけがきちんとなされていないので,エシカルという用語を"使った者勝ち"のような状態になっています。そのため,高水準なエシカル実践もあればそうでもないところもあり,どちらも同じように見られてしまうのが頭を悩ませるところでした。

したがって,現在の取材においては,何をもってエシカルとしているのかを必ず聞くようにしています。その結果,エシカルという用語を使わないで,エシカルな活動を紹介するようになってきています。

Q. 取材において,心が激しく動いた経験について。

A. 最近,ある調査で,若者の間で「エシカル」という言葉が親しみを感じさせないワードとして認識されている[2]ことを知り,ショックを受けました。

ただ,エシカルの価値観には共感を持っており,トレンドワードとしての「エシカル」には飽きていることがわかりました。ただ闇雲に「エシカル」と伝えるのではなく,エシカルの中身について,独自の言葉で伝えていかないと響かないと感じています。

Q. エシカル記事や特集に対する,社会や若者の反響について。

A. ほかの世代と比べて,若者世代の反応は高いのですが,特徴としては,日本と海外の若者ではエシカルの受け止め方に違いがあります。

例えば,エシカル発祥のイギリスでのエシカル消費浸透のステップは,「消費者のボイコット(不買運動)➡評価機関によるエシカル度調査➡エシカルな企業との連携➡認証ラベルの開発➡ランキング」となっています[3]。

一方,日本ではボイコットを起こすようなアクティブな動きは一部で,むしろ,エシカルな取り組みをしている企業の活動に参加する「参加型消費」に共感する人が多い印象になります[4]。

Q. エシカルについて，その他感じること。

A. エシカルな商品は高額で，若者には買えないという意見が多くあります。それに関連して，最近注目しているのは，流通から変えていく（生産者と消費者をつなげる）取り組みです[5]。また，市民参加型のエシカル買い物サイトも立ち上がり[6]，エシカル商品の購入場所を知ることが容易になってきました。このような動きが広がっていくことを期待しています。

Q. エシカルについて感じる変化。

A. 私が初めて取材したのは2011年。現在では，大手企業もエシカルという言葉を使うようになり，この概念が徐々に広がっていっていると肌で感じます。しかし，言葉だけが先行して広まってしまったので，トレンドワードとして認識されてしまっています。おそらく，若者に伝えるには，「エシカル」という言葉を砕いて伝えていかないと共感されないのではないでしょうか。

Q. 日本のエシカルの特徴，課題，利点について。

A. エシカルという言葉には親しみを持たない若者が多いですが，エシカルな価値観に共感する人は多くいます。つまり，言葉ではなく本質的なものを求めているとも言えるのではないでしょうか。

Q. 読者へのエシカル・メッセージ。

A. 先日取材したある若者は，「エシカルはダサいと感じる」と言い切りました。その理由について，「自分たちで，自分たちの活動をエシカルと名乗るのは，『良い活動をしている』と自画自賛しているようなものだから」と答えました。確かに，良い活動かどうかは，第三者が決めるものなのかもしれません。このような感覚で，エシカルを砕いていくと伝える上での切り口が見えてくる気がしています。

第6章　エシカルの最前線

**オルタナSが主催している
「サステナブルなレストラン巡り」**

毎月1回開催されている，持続可能性をテーマにした飲食店を巡る取り組みの様子。

**オルタナSが主催している
「半径3メートルのSDGs」**

オルタナSでは，エシカルに関するさまざまな交流会も開催している。

1　株式会社オルタナ「会社概要」，http://alternas.jp/about，2017年10月5日閲覧。
2　池田真隆（2017）「トレンドワードの"エシカル"に若者は飽きている」『オルタナS』4月7日，http://alternas.jp/study/news/69237，2017年10月5日閲覧。
3　池田真隆（2016）「英 エシカル消費浸透の5ステップ」『オルタナS』10月18日，http://alternas.jp/work/ethical_work/66524，2017年10月5日閲覧。
4　池田真隆（2016）「共感から参加へ 変わるエシカル消費」『オルタナS』9月6日，http://alternas.jp/study/it_social/65830，2017年10月5日閲覧。
5　池田真隆（2017）「流通改革でエシカルファッションを安価に」『オルタナS』8月2日，http://alternas.jp/joy/fashion/71062，2017年10月5日閲覧。
6　池田真隆（2017）「消費者参加型のエシカル商品検索サイト」『オルタナS』8月9日，http://alternas.jp/study/it_social/71132，2017年10月5日閲覧。

Case

JAMMIN合同会社

2013年11月設立，京都府京田辺市

　JAMMINとは，ファッションを通じて社会に貢献する「チャリティ専門ファッションブランド」だ。「社会をよくしたいと思う人の気持ちを，少しずつ・たくさん集めて，ほんのちょっとでも社会をより良くしていきたい」という願いで活動している。JAMMINの商品アイテムはすべて，チャリティ商品になっている。

　JAMMIN合同会社の事業の流れは，以下の通りだ。①その週に支援するNPOを決め，活動にちなんだデザインの商品を制作，1週間限定で販売。②顧客から注文があり次第，JAMMINで受注生産。③Tシャツの場合，1着あたり700円をNPOに寄付する。

　こうすることで，NPOは，プロのデザイナーにTシャツなどのグッズを無料でデザインしてもらえ，広報でき，寄付が集まってうれしい。社会は，課題解決が前進してうれしい。商品を購入する顧客は，Tシャツが入手でき，知らなかった課題を知り，手助けできる喜びがあってうれしい。そしてJAMMINは，在庫を持たず持続性の高い事業ができてうれしい。このように，四方よしのビジネスなのである。

　エシコレでは，ショーへの無償貸与だけでなく，来場者プレゼントとしてTシャツをご提供くださった。そのTシャツ類はとても格好良く，ショー参加モデルや学生スタッフの間でも人気を集めた。プライベートでJAMMINの製品を購入する者もいた。

第6章　エシカルの最前線

【高橋さんとの一問一答】

日高啓寛さん（JAMMIN合同会社 デザイナー／写真左）
高橋佳吾さん（JAMMIN合同会社 共同創業者／写真左から2番目）
西田太一さん（JAMMIN合同会社 代表／写真右から2番目）
山本めぐみさん（JAMMIN合同会社 ライター／写真右）

Q. JAMMIN設立のきっかけについて。

A. 前職は開発コンサルタントとして，主に途上国の上下水道分野に携わっていました。現地で関わっていたインフラ建設のプロジェクトは，何十年とかかる長期的なもの。一方で，目の前にあるスラムやストリートチルドレンの問題に何もできず葛藤を感じていました。徐々に「個人としてできることを大事にしていきたい」と思うようになります。

　当時，社会起業家やソーシャル・ビジネスが世界的に注目されていて，そのような仕事をつくってみたいと，西田と話すようになって話し合いを進めるうちに，難しいかもしれないが，一歩踏み出してみようという気持ちになりました。

Q. Tシャツを手掛けることになった理由。

A. 最初は，途上国で井戸づくりなどNPO活動を行うことを考えていました。ただ事業継続するアイデアを探して情報収集するうちに，NPOとのコラボTシャツを週替わりでデザインし，限定販売する「Sevenly」というアメリカの

チャリティブランドの存在を知ります。1枚売れるごとに7ドルを当該NPOに寄付する仕組みで、アパレルで社会貢献するシンプルな形に惹きつけられ、日本でもやってみようと思ったのが始まりです。

　ただ、アメリカと日本ではチャリティに対する意識や考え方、NPOへの理解度といったものが異なるので、やろうと決めてからの2～3年は、自分たちのやり方を磨いてきました。

Q. JAMMINは、164ものNPOや団体（2017年7月7日現在）とコラボしてチャリティ・プロジェクトを手掛けてきたが、コラボの際に気をつけていることは何か。

A.　NPOに対してTシャツ1枚700円の寄付をするだけでなく、NPOが取り組む「社会課題や事業を"知らなかった人"や"なんとなく知っている"という人に"理解してもらい"、"アクションを起こしてもらう"」という目的を達成するために、Tシャツという商品や紹介記事をリリースしてNPOを応援しています。

　つまりJAMMINは、NPOをテーマにして「かっこいい」、「かわいい」といった、ファッションとして質の高いTシャツをデザインして社会的課題に興味のない人にも現状を知ってもらい、その販売を通して1枚あたり700円の寄付を集めるだけでなく、それぞれのNPOが扱う社会課題の解説と、そのNPOの活動についてわかりやすい取材記事もあわせてリリースすることで、一般の皆さんの共感を促して行動に結びつけることを目的としています。そのため、コラボするNPOやテーマの選択においては、賛同する人が多いチャリティ先を選ぶだけでなく、企業のCSRでは扱いづらいようなテーマをあえて取り上げることも、我々の役割だと思っています。

Q. チャリティブランドのTシャツのデザインについて。

A.　例えば、これは日本ダウン症協会のTシャツデザイン（右頁写真参照）。テーマがダウン症で、どうして自転車のモチーフを使用しているかわかり

ますか。よく見てください。たくさんの二輪車（自転車）のなかに，三輪車が混じっています。ダウン症は，染色体の突然変異によって起こり，通常，21番目の染色体が1本多くなっていることが特徴です。ダウン症も一つの個性であって，「その1本多い染色体がみんなに幸せを運んでくれる」というメッセージを込めて，このTシャツをデザインしました。

Q. 困難だったことについて。

A. ものを作って売ること自体が初めての経験で，そのハードルが高かったです。最初は中国で製造してみましたが，納得するクオリティのTシャツを作りたかったので，今はすべて日本製です。もともと，「チャリティ」ということ抜きでも買ってもらえるように，耐久性があって，誰が着ても心地よく，高いクオリティのものを出したいと思っていました。国内の工場を訪問し相談しながら，「顔が見える」パートナーさんに，良い品質のTシャツを安定して生産してもらっています。

Q. 読者に対するエシカル・メッセージ。

A. 僕たちは，エシカルをやろう！と思ってJAMMINをスタートしたわけでなく，社会に対して「自分という存在でも，自分でできることをしよう」と思い創業の一歩を踏み出しました。世の中は複雑で，解決が難しい問題が沢山あります。「何もかもはできなくとも，何かはできる」との想いが集まれば，きっと世の中は変わっていくと信じているので，読者の皆さんと一緒にこれからも「社会を良くする買い物」が身のまわりに溢れる暮らしをめざしていきたいですね。

（協力：安田萌乃）

| Case |  |

株式会社ボーダレス・ジャパン

2007年3月設立，東京都新宿区

　株式会社ボーダレス・ジャパンは，さまざまな社会問題の解決に向けて，「社会起業家のプラットフォーム」を創るというアプローチを採用するユニークな企業である。

　ソーシャルビジネスは，事業を通して社会問題を解決するために，収益をあげて自立して継続していく必要がある。現在，ボーダレス・ジャパンのプラットフォームを構成するソーシャルビジネスは19事業（2018年4月時点）。これらの事業を担う社会起業家には，事業投資を行い，これまでの経営ノウハウを注ぎ込み，高い志を持った優秀な仲間をその経営チームに加え，事業の成長を全面的にバックアップする。このようにして，ボーダレス・ジャパンと共に歩む社会起業家の事業の成功確率は飛躍的に高まっている。

　エシコレでは，ボーダレス・ジャパンは2つのソーシャルビジネスの事業ブランドでご協力くださった。親子でお揃いのコーディネートを楽しめるブランドCorva（現：ハルウララ）は第1部ファッションショーで登場した。Corvaの服を着た子どもモデルや家族モデルがランウェイに登場した際には感嘆の声があがり，会場が温かい空気に包まれた。第2部での来場者への抽選プレゼントでは，働く人のためのビジネス革製品ブランドBusiness Leather Factory（BLF）から素敵な本革製品を何点もご提供いただいた。Corva（現：ハルウララ）は，バングラデシュの児童労働問題解決への取り組み，BLFはバングラデシュの貧困層への雇用創出を目的としたソーシャルビジネスを展開している。

第6章　エシカルの最前線

【中村さん・原口さんとの一問一答】

原口瑛子さん
(Business Leather Factory 代表取締役)

中村将人さん
(Corva（現：ハルウララ）代表取締役)

＊以下，(B) が原口さん，(C) が中村さんのご回答。

Q. エシカルな事業努力をする上で，印象に残っているエピソードについて。

(B) バングラデシュの貧困層に雇用を創出するために始まった事業なので，「雇用を増やす」こと，つまり「生産量を増やす」ことに対して，真摯に取り組んできました。無名のブランドからスタートしているため，事業開始のコンセプトや価格設定，販路の決定など，さまざまな工夫を凝らしました。

Q. バングラデシュでの労働環境の変化について。

(B) 2014年1月，バングラデシュの貧困層に雇用を創出するためにBLFが立ち上がり，たった2人から始まった自社工場は，現在約726名（2017年10月時点）ものメンバーを受け入れるまでに成長しました。

　スタート当初から，現地の自社工場の労働環境には常に配慮しています。例えば，貧しい家庭環境の方や，スキルのない方，女性などを積極的に雇用しています。賃金は，研修時においても正規賃金を支払い，その賃金も周辺工場の平均以上を達成しています。メンバーが安定した生活を送れることを一番に心掛けてきました。当工場の評判を聞き，メンバーの家族や知り合い，近隣の工場で働く人々から，ここで働きたいという声がたくさ

ん届くようになりました。今後も，より負担なく働けるサポート体制を構築していき，現在の工場をバングラデシュのロールモデルとなるような「理想の工場」にしていきます。

Q. エシカルな事業を展開する上で気をつけていること。

(C) すべての判断基準を，コストではなく，環境に良いかどうかで判断しています。例えば，店頭でポリ袋のショッピングバッグを使用すれば経費的には格段に安いのですが，あえてコストが高くても再生紙を使った紙のバッグを使用するといったようにです。

(B) 現地の自社工場では，採用の方法を工夫しています。例えば，未経験のメンバーの面接では，履歴書などは一切使用しません。学歴，読み書き，スキルや経験などについても，採用の重要な指標にしていません。私たちが何よりも大切にしていることは，彼／彼女にとって「ここで働く理由は何か」，そして「ここで働く必要のある状況か」ということなのです。

Q. エシカルを前面に打ち出さないことについて。

(B) ボーダレス・ジャパン社長の田口も常々語っています[1]が，理由は2つあります。第一に，日本のエシカル市場が未成熟で小さいからです。より多くのソーシャルインパクト（例えば，途上国の雇用創造）を生み出すためには，「エシカル」を超えたより大きな市場を創り出す必要があります。第二に，エシカルにつきまとうイメージのため。貧困でかわいそうだから買ってくれたといったストーリーとは無縁でいたいのです。一緒にヒット商品を生み出していこうと常に思っています。ただ，BLFの商品を手にしたお客さまが，そのブランドの背景を知って，バングラデシュが抱える問題などに関心を持つきっかけになれば良いと思っています。

Q. バングラデシュの工場の職人とともに商品をつくることについて。

(C) うれしいことが，たくさんあります。まずは工場のメンバーたちが商品

自体を気に入ってくれ，楽しく仕事をしてくれていること。子どもがいるママさんたちが多いので，服を着る子どもたちのことを考えて一つひとつ大切に丁寧に創ってくれていること。そして何よりも，私たちの工場で働きたいと言ってくれる人たちが現地にたくさんいること。彼らのためにも，もっと雇用数を増やしていきたいですね。

(B) どの工場でもさまざまな課題があると思いますが，特に私たちの工場の特徴は未経験のメンバーや未就学のメンバーが多いことです。そのため工程を通常よりも細かく分割するなど工夫しています。文字を読めないメンバーには写真を多く使うなどどんなメンバーでも能力を発揮できる環境を目指しています。言葉の壁や品質に対する価値観や感覚の違いなど課題は多くありますが，綿密なコミュニケーションを取り「良い商品を作る」という同じゴールに向かって努力することで，組織として課題を克服しようとしています。良かったことは，工場で働くメンバーが，革職人として自分の仕事に「誇り」や「やりがい」を持ってくれていることです。

Q. 読者に対するエシカル・メッセージ。

(C) エシカルという言葉をあえて使う必要がなく，選ぶ商品・選ぶサービスがすべて，地球にとって，社会にとって良いものになるよう，社会のスタンダードを変えていきたいと思います。

(B) 私たちがあえて「エシカル」を打ち出していないように，このビジネスの形が社会にとっての新しい「当たり前」になるよう努力していきたいです。

---

1 「途上国と消費者の課題を同時に解決：エシカルを全面に出さないマーケティング」のコラムで，田口社長は以下のように述べている。今僕らが第一優先で取り組まないといけない課題を「一人でも多くの貧しい人たちに仕事を創ること」と定めたのであれば，そのためには大きなマーケットに挑戦し，一気に事業を拡大できる戦略を描くことが必要だ。そして，一人でも多くの仕事を生み出し，家族の生活を立て直す。子どもたちに教育の機会と夢を与えてあげる。その実現にこだわってボーダレスメンバーたちは日々奮闘している。

（協力：北田樹）

Case

認定NPO法人アクセス
―共生社会をめざす地球市民の会

1988年10月設立,京都府京都市

　認定NPO法人アクセスは,フィリピンと日本で貧困問題に取り組む,国際協力NGOである。「10人に3人が小学校を卒業できない」と言われているフィリピンで,「子どもに教育,女性に仕事」を提供する活動を展開する。小学校就学支援のための奨学金プログラムや幼稚園や学校の設立・運営といった教育に関する活動をはじめ,スモーキーマウンテン(ゴミ捨て場)地区での保健衛生支援活動や若者支援など,フィリピン各地において貧困が生み出す諸課題の解決に向けて各種事業やプログラムを実施してきた。

　これらの事業・プログラムの中に,フェアトレード事業がある。エシコレでは,フェアトレード製品であるアクセサリーを貸してくださり,参加者へのプレゼントも提供してくださった。またエシコレ運営に関して,事務局長の野田さんからはアドバイスや激励の言葉をいただいてきた。

【野田さんとの一問一答】

野田沙良さん
(認定NPO法人アクセス―共生社会をめざす
地球市民の会 事務局長)

Q. フィリピンでの活動の中で印象に残っているエピソードは。

第6章　エシカルの最前線

A.　フィリピンのゴミ捨て場である，通称「スモーキーマウンテン」[1]では，2014年までは6,500人もの人々が暮らしていました。ハエが無数に飛び，地面にはウジが這い，雨期の湿度が高い時期になると鼻をつく臭いが充満する，非常に厳しい環境です。そこの住民の一人で，私の友人であるジェーンという女性（当時23才）は，仲良くなってからこんなことを話してくれました。「私がここで生きていて一番つらいのはね，子どもにパグパグをさせないといけない時。パグパグってわかる？　ファーストフード店から出た，フライドチキンの食べ残しとかを拾ってきて，水で洗って，油で揚げて食べること。そんなことしたら子どもが病気になるかもしれない。でも，そうしないと子どもが飢えてしまう。」

私は言葉を失い，なんとかしなければと強く思いました。多くのスラム住民は農村出身者なので，農村でできる「仕事」を創る必要があると考え続けてきたのが，私たちのフェアトレード事業です。

Q.　アクセスのフェアトレード事業について。

A.　アクセスのフェアトレード事業は，ココナツ殻でできた雑貨や手漉き紙を用いたグリーティングカードを生産，販売するというもの。「働きたいけど仕事がない」という女性や若者を誘い，最初は商品の作り方を指導することから始めて，時間と手間をかけてようやく，現地の生産品質は日本基準を満たすようになりました。

フェアトレード事業の現在の大きな課題は，原材料調達と販路拡大です。例えば，現地メーカーに原材料の手漉き紙を数千枚発注しても，いざ届いてみると，使用できない品質のものばかり。事前に何度もメーカーに足を運び，色や厚さについてしっかり打ち合わせをしていても，その約束が果たされないことがしばしばあります。

もう一つの大きな課題は，「売る」ということ。日本には「かわいくて，質がよくて，安いもの」があふれています。私たちのフェアトレード商品は，星の数ほどある商品のうちの一つでしかなく「フェアトレードである」と

いう付加価値だけでは，そうした一般商品と戦えません。いかに存在を知ってもらうか，そして「買いたい」と思ってもらえるか。日々，試行錯誤を続けています。

　「なんて大変なチャレンジを始めてしまったんだろう」と思うこともあります。しかし，生産者の「借金しなくてよくなったよ」とか「障害のある私にできる仕事は今までなかった。でも今は，自分で稼いだお金で自分のものを買えて嬉しい」といった声を聞くと，がんばろうと思います。

Q. 現地で達成できたこと・課題・抱負について。

A.　アクセスのフェアトレード製品は，人口約1.2万人のペレーズ町という農村・漁村エリアで生産され，現在そこで10人の現地女性・若者に就労の場を提供しています。その生産者たちは，アクセスのフェアトレード事業から，一人あたり平均月1,300ペソ（約3,000円）の収入を得ています。

　フィリピン政府は，5人家族が暮らすのに月約9,000ペソあれば貧困から抜け出せるという数値を公表しているのですが，1,300ペソあれば32キロのお米を買うことができ，これは5人家族の16日分の米代にあたります。子ども1人が学校に通う交通費に換算すると，約4ヶ月分になります。彼女たちの収入が，一家の暮らしを改善するための力になっているのは確かです。今後は，収入額についても，就労者数についても少しずつ増やしていきたい。目標は，女性たちのこの収入ですべての子どもたちが小学校に通い卒業できるようにすることです。住民とともに実現させていきたいですね。

Q. エシカルな活動について見えてきたことや思うことは。

A.　私が大学生だった15年前は，エシカルという言葉はまだ使われておらず，フェアトレードやオーガニックという言葉が少しずつ知られ始めた頃でした。現在ではフェアトレードの認知度も向上し，エシカルという言葉も生まれています。これから考えるべき点は，「日常生活の中にいかにエシカルを取り入れていくか」ということではないでしょうか。

「エシカル商品がどこで売っているかわからない」，「あそこで売っているのは知っているけど，面倒だからまた今度」。それが，多くの人の心境だと思います。できれば，大手スーパーやコンビニでも，エシカル商品が一般商品と一緒に当たり前のように並べられて売られている状態になってほしいですね。

　そんな理想的な環境を実現するためには，少しは関心のある私たちが，意識的に「エシカルを選び続ける」努力が必要です。また，企業に対して「もっとエシカル商品を扱って！」とアピールしていく活動にも関わりたいです。例えば1か月くらいの「エシカル普及キャンペーン」のようなものを立ち上げて，ネットやSNSを活用して企業に働きかけたら面白いと思います。

Q. 読者に対するエシカル・メッセージ。

A. 私は，何かモノを買う時には，自分だけじゃなく，生産者も幸せであるような商品を選びたいと思っています。でも，現在の日本で，エシカルな商品を選び続けることは，時間もエネルギーもコストもかかり大変なことです。だから，エシカル実践をまだ始めていない方は，下記のどれか一つだけでも挑戦してみてくださいね。

　友達や家族へのプレゼントにエシカル商品を選ぶ。これによって，エシカル消費が増えるだけでなく，エシカル商品の存在を広めることができます。

　何か欲しいものがあった時はまずは検索。例えばTシャツが欲しい時は「Tシャツ　フェアトレード」「Tシャツ　エシカル」などと検索してみましょう。

　完璧をめざさない。余裕がない時は，無理にエシカルを選ばない。ただ常日頃エシカルを意識する気持ちは維持しましょう。

1　マニラ首都圏から出るゴミを受け入れるゴミ捨て場がスモーキーマウンテンと呼ばれ始めた由来は，ゴミが発酵して発生するメタンガスによってゴミの山が自然発火して煙が立つ様子からだ。そこには，ゴミ拾いで生計を立てる人々が住み着くようになって形成されたコミュニティがあり，子どもを含む多くの住民が，ゴミの中からリサイクル可能なゴミ（鉄，銅，プラスチックなど）を拾い日銭を得て生活していた。

Case

近畿ろうきん（近畿労働金庫）

1998年10月設立，大阪府大阪市

　ろうきんは，働く人の夢と共感を創造する協同組織の福祉金融機関であり，働く人たちが，お互いを助け合うために資金を出し合ってつくられた金融機関だ。労働金庫法に基づいて，非営利を原則に，労働組合や生活協同組合を会員として，公平かつ民主的に運営されている。その業務内容は，預金やローン，各種サービスなど銀行と同じであるが，それらすべては働く人の視点に立ったものになっている。

　近畿2府4県の居住民か勤労者は，原則，誰でも近畿ろうきんを利用できる。

　近畿ろうきんが，社会貢献活動の一環として実施している取り組みの一つに，第8回パートナーシップ大賞グランプリを受賞した「心のそしな」（フィリピンの子どもたちへの給食支援）事業がある。預金（定期預金・財形・エース預金）に対する粗品相当分のお金をフィリピンの子どもたちの給食として届けるプログラムで，認定NPO法人アクセスと協働して2010年から継続実施している。

　地域共生推進室長の浦田さんは，今回のエシコレについて，早い段階から趣旨に賛同くださり，近畿ろうきんより，後援をいただいた。

【浦田さんとの一問一答】

浦田和久さん
（近畿労働金庫　地域共生推進室長）

Q. エシコレにご後援くださった理由について。

A. 若い人たちが，社会をより良く変えるために，斬新な視点でトライしているのを応援しようと思いました。

Q. 貴金庫は非営利の福祉金融機関という理念に基づき運営され，本業そのものがエシカルなスタンスを打ち出している。その特色や活動について。

A. 当金庫は，戦後の復興期に「労働者の高利貸からの解放」を掲げ，労働組合や生協が資金を出し合い作った協同組織の金融機関です。
　当庫の事業目的は勤労者の生活向上にあります。組合員（顧客）の生活改善運動の位置づけで，労働組合と連携し，組合員の消費者教育を進めながら，預金・融資の取り組みを進めています。

Q. 金融におけるエシカルな取り組みとは，どのようなことが該当するか。

A. 間接金融は，預かった預金をその金融機関の判断で融資に回します。その意味で，金融機関が作り出すお金の流れによって社会の姿が変わります。だから，ESG（環境，社会，ガバナンス）に配慮した責任投資の姿勢が必要です。例えば，環境・人権等に配慮をしていない企業への融資はしないなどです。

Q. 金融におけるエシカルな取り組みの課題について。

A. お金に色はついていませんが，お金の流れに意思を込めることは可能です。お金の流れが，エシカルな社会を作り出すことに役立つようにするのが金融の役目だと思います。そのためにはエシカルな活動を担う個人・団体（企業，NPO等）が増えていくこと，そして，そのプレーヤーを繋げていくことが課題だと思います。

Q. 地域共生推進室におけるエシカルな取り組みについて。

A. 労働金庫の理念である「共生社会の実現」をミッションとし，「地域社会の課題に取り組む団体との連携により，勤労者の暮らしを支える」というコンセプトに基づき取り組みを進めています。

具体的な活動例としては，社会貢献預金，NPO事業サポート融資，子育てNPO支援助成金制度，エイブル・アート（障がい者アートを通じ，人と人の豊かな関係性をつくるプロジェクト），近畿圏中間支援組織との連携による被災地支援活動などがあります。

Q.「心のそしな」プロジェクトは2010年から継続実施されているが，継続してきた理由と，その成果やインパクトについて。

A. プロジェクトは，一人の営業担当者の発想から始まったもので，連携先のNPO（認定NPO法人アクセス）と会員労働組合の協力と支持があったからこそ継続できました。フィリピン現地からの便りなどを，会員さんたちに還元してきたことも良かったと思います。

このプロジェクトが契機となって，会員労働組合がフィリピンの現地視察ツアーに参加し，そこで現地の水事情が悪いことを知り，給食だけでなく，井戸を贈るという展開もありました。本業の預金事業を通じて，内外に社会課題への関心を広げていくことができたことは大きかったと思います。

Q. エシカル努力をする中で印象に残っていることについて。

A. 社会を良くするためにさまざまな活動を担っている方々と出会って、いろいろなお話をするといつも刺激を受けます。また、共生促進事業の取り組みの結果、組合員（顧客）から「やっぱり労金は銀行とは（いい意味で）違うね」と言われることはうれしいです。

Q. 世の中のエシカルな動きについて。

A. 今、世界は、自分勝手な論理で他者への無関心・排除を行う傾向が先鋭化しています。一方、SDGsに象徴されるように、「持続可能な開発」のために企業活動は重要な位置を占めると認識され始めました[1]。要は、そのせめぎ合いの時代だと思います。科学的根拠を持った「人類がたどり着いた英知」を具体的に実現していく中から、一人でも多くの（エシカル）理解者を増やしていくことが大切だと思います。

Q. 読者に対するエシカル・メッセージ。

A. 人間は矛盾した存在です。他者を思いやり、助け合う大切さを理解しながら、他者を排除し、蹴落とすこともやってしまいます。誰もがその両方の要素を持っており、後者の考えや行動が広がると、多くの人がそちらへ引っ張られていきます。一人でも多くの人が、前者の声を上げ行動を起こすことが大事だと思います。

---

1 持続可能な開発目標（Sustainable Development Goals: SDGs）。第1章参照。

Case NADELL

NADELL（株式会社Humming）

2008年2月設立，京都府京都市

　株式会社Hummingは，"さまざまな経済活動から生まれる社会的課題に，ものづくりを通して取り組む企業である。2008年に立ち上げられたNADELLというブランドは，"ナチュラルだけど少しだけモード"をテーマにつくられたエシカル・ファッションブランドである。

　NADELLは，国内の織り・編み・縫製を行う職人の後継者不足といった社会的問題に配慮し，素材・縫製にこだわった服づくりを展開している。

　またオーガニック・コットンやシルクなどの天然素材でつくられたウェディングドレスを通して，エシカルウェディングを提案するNADELL weddingというラインも運営している。

　エシコレでは，ショーで使用する衣装を無償貸与していただいた。またエシコレがより良いイベントになるように，さまざまなアドバイスや力強い激励の言葉をくださった。

第6章　エシカルの最前線

【NADELLさんとの一問一答】

オーガニック・コットンとシルクを贅沢に使用したウェディングドレス

Q. NADELLにおけるエシカルの特徴について。

A. 「エシカル」や「オーガニック」という言葉がまだ一般的では無かった，2008年。日本初となる，エシカルファッションブランドとして「NADELL」，「NADELL wedding」は誕生しました。

時には染めて，時にはオーガニック・コットンそのものの色を慈しむ

　後継者不足による工場の倒産や，国内技術の衰退など，日本の生産現場の現状は，厳しい現実に直面しています。そのため，日本の工場や職人と仕事を行うことで，技術やものづくりの活性化を図っていきたいと考えています。

　また，使用するオーガニックコットンは，オーガニックテキスタイルの世界基準である「GOTS（Global Organic Textile Standard）」認証を受けたもののみを使用。これらのこだわりは，綿花を作る生産者，糸や生地を作る職人，縫製を行う工場の方々が，安心安全な環境でものづくりに携われるように，という想いが込められています。

Q. NADELLのブランド戦略について。

A. より良い商品をお客様に届けられるよう，作り手とお互いの技術を高め合うことで，さらなる商品価値を生み出すことを追求しています。また認定されたオーガニックコットンを持続的に使い続けることで，現地で綿花の生産を行う人々の安心・安全な暮らしが守られ，より多くの方々がそういった環境で暮らせることを願っています。

ひとつひとつ丁寧な手仕事で作られるウェディングベール

Q. 原材料から糸・生地・服・売り場まで一貫して行うNADELLの生産体制について。

A. トレーサビリティに関しても，想いやこだわりが投影されるような生産体制をとっています[1]。NADELLの製品は，生地屋さん，縫製工場など，ものづくりを行う方々と直接コミュニケーションを取りながら，作られています。

生産された商品のほとんどがアトリエに運ばれ，そこで社内スタッフがひとつひとつ検品を行い，各売り場へ出荷します。ものづくりの方々の想いをお客様に届けるため，一貫した生産体制をとっています。

ものづくりには欠かせない道具が並ぶアトリエ

Q. エシカルを実現するにあたって。

A. 心がけているのは，事に対して本質を見極めること。利益だけを追求すれば気にならない事も，エシカルな企業である事をベースに考えると，一歩踏み出すことができない事も多くあります。それによって，時間もコストもかかってしまう事は少なくありません。しかしながら，常に本質に立ち返り，より良いビジネスを今後も追求していきたいと考えています。

Q. NADELLが考えるエシカルとは。

A. NADELLは，人・物・事をテーマに活動するエシカルブランドです。
エシカルという概念や言葉を必要としない社会になるように，取り組むことが大切です。

Q. 読者へのメッセージ。

A. 肌に触れるとほっと心が休まるような心地よさを感じるNADELLのウェアやドレス。その気持ち良さを，体感いただければうれしいです。京都にお越しの際は，お気軽に本店に遊びにいらしてください。

---

1 トレーサビリティとは，商品がつくられ，顧客に使用されるまでの（場合によっては廃棄されるまでの）全段階を追跡することが可能な状態を意味する。原材料から流通・消費・廃棄に至る，一連のプロセスを明らかにすること。

（協力：瀬戸脇連）

Case

パタゴニア

patagonia®

Patagonia, Inc.　1973年設立，米国カルフォルニア州ベンチュラ
パタゴニア日本支社　1998年8月設立，神奈川県横浜市

「最高の製品を作り，環境に与える不必要な悪影響を最小限に抑える。そして，ビジネスを手段として環境危機に警鐘をならし，解決に向けて実行する。」これが，パタゴニアのミッション・ステートメントである。

パタゴニアは登山，サーフィンといったアウトドア用品・衣料品の製造販売会社だ。アウトドアをこよなく愛する創業者イヴォン・シュイナードが，自分や仲間たちの欲しい製品を作るために創業した。実用的でシンプルな製品デザインと，地球環境や人権問題に対する熱心な取り組みで世界的に有名である。

パタゴニアの製品は，できる限りエシカルな原材料を用いて，できる限りエシカルな製造過程を経てつくられている。フェアトレード調達やリサイクルされた原材料，オーガニック・コットン，リクレイムド（再生）コットン，トレーサブル・ダウン[1]などの原材料を用いて，なるべく環境負荷の少ない方法でつくるという方針が掲げられ実行されてきた。

また1985年以来，自然環境の保護・回復のために売上の1％を利用することを誓約して，これまでに総額7400万ドル相当の寄付を，米国内外の草の根環境保護団体に行ってきた。この活動は「1％フォー・ザ・プラネット」という非営利団体設立に結びつく。パタゴニア社のイヴォン・シュイナードとブルー・リボン・フライズ社オーナーによって2002年に設立された団体は，売上の1％以上を承認された環境保護団体に寄付する非営利団体で，現在世界中の1,200社以上の企業が加入するネットワークになっている。

エシコレでは，ショーのために男女の秋冬コレクションを無償貸与してくださった。

【辻井さんとの一問一答】

辻井隆行さん
(パタゴニア日本支社 支社長)

Q. エシカルな事業にまつわるエピソードをおしえてください。

A. パタゴニアでは「経営判断に迷ったときなど，我が社の全員がミッションやコアバリュー[2]に立ち返ることができる組織」だということを実感できます。パタゴニアのミッションとコアバリューは，アメリカ本社や日本のスタッフ一人ひとりにまで浸透していて，意思決定のベースになっています。

最近の例をあげれば，ウールのサプライチェーンがパタゴニアの求めるエシカル調達基準を満たしていないことがわかったので，倫理的な管理を徹底している牧羊場を新たに見つけ出し契約するまでの数シーズン，すべてのウール製品の生産を中止しました。その間，売上が大幅に下がることはわかっていましたが，あるべき姿を追求して経営しています。

Q. パタゴニアがエシカルであり続けるための努力について。

A. ミッションの実現に向けて，取締役会と経営幹部が常にコミットしているので，社内的な苦労は少ないです。ただエシカルであるために外的要因を調整して，他社や外部の人を巻き込む上では常に努力が必要ですね。例えば，現在，倫理的な自然エネルギーへの100％切り替えを目指していますが，多くの外部要因が作業を困難にしています。

Q. 持続可能な社会の構築のために必要なこととは。

A. 企業，顧客，NGO，行政などが協働すること。お互いの知見を共有し，明確なビジョンを掲げ，戦略をたて，実行に移すこと。

Q. パタゴニア日本支社のエシカルな活動への反響について。

A. 例えば，パタゴニア日本支社は，長崎県で計画されている石木ダム建設について市民皆で考える必要がある問題だと考えて動いてきました。

活動当初は，現地の草の根NPO「石木川まもり隊」との繋がりからスタートをして，現在では支援の輪が大きく広がり「#いしきをかえよう」という大きな運動に展開しています。アウトドア愛好家，アーティスト，作家，学者などの賛同者も年々増え，カスタマーからも概ねポジティブな反応をいただいています。これからも日本支社のビジネスを通じて，日本社会の未来に向けて，微力ながらも力を尽くしていきたいです。

Q. パタゴニアの企業理念を社員に浸透させる上での工夫について。

A. アウトドアスポーツ，自然，環境や社会問題などに関心のある方を採用しています。採用の段階から，価値観の土台を共有することが大切です。同時に，日々のビジネスシーンでできる限り一貫した判断や評価を行う（言っていることと，やっていることが乖離しない）こと。創業者のイヴォンは，英語で言う「walk the talk（有言実行）」を地で行く人間です。

Q. エシカルという面でのブランドの現状や課題，今後について。

A. エシカルなものが増えると同時に，消費のあり方，ビジネスのあり方，ひいては人間の生き方そのものを変えていく必要があるのではないでしょうか。例えば，日本では2015年に27億着の外衣が流通（輸入および生産）したものの，そのうち消費されたのは13億着（46％）だというデータがあります。つまり半分以上は，消費者の手に渡らずにメーカーがなんらかの形で処分したのです。さらに，消費者に購入された衣類の90％近くが廃棄されています。こうしたあり方は，経済的にも環境的にも持続可能でないことは明らかです。

我が社では，「新品よりもずっといい」というコピーを掲げて，長持ちし

て修理可能な高品質の製品をつくって顧客に長く使っていただくことを促し，製品のお手入れや修理・リユース・リサイクルを提案しています。2011年のブラックフライデーにおけるパタゴニアの広告では，「このジャケットを買わないで」というメッセージを掲げました。パタゴニア製品である，リサイクル素材でつくられたジャケットを例にとり，リサイクル素材であってもその販売価格より高い環境コストが付随していることを明示して，「必要のないものは買わないでください。何かを購入する前によくお考えください。」と訴えたのですが，そういった考え方がますます必要になってきていると痛感しています。

Q. 読者へのメッセージ。

A. 例えば，僕は7年前に購入したパスケースを大切に使っています。そのパスケースを製造販売している会社は，誰によって，どこで，どうやって作られたかという製品ストーリーを店頭で写真や資料を使って説明してくれていました。このパスケースを手に取るたびに，そのストーリーがよみがえり，心が暖かい気持ちで満たされ，気持ちが和むのです。

　エシカルというと「理屈っぽくて面倒くさいし，エシカル消費はお金がかかるし，自分にはちょっと」と思う方がいるかもしれない。また，人間には駄目な部分や怠惰な一面が必ずあり，常にエシカルな選択を求めること自体，現実的ではないでしょう。でも，何かひとつ，関心のある分野でエシカル行動を試してみる価値はありますよ。エシカルなアクションって結構，中毒性があるのです（笑）。少しでもエシカルにトライする人や企業が増えれば，もう少しバランスの取れた世界に近づけるのではないかと思います。

1　トレーサブル・ダウンとは，羽毛が採取される鳥の飼育状況を監査して，強制給餌とライブ・プラッキング（生きたまま羽毛をむしられること）がなされていないことを保証・追跡できること。
2　「質，インテグリティ，環境主義，既成概念にとらわれない」の4つの柱で構成されたバリュー。

Case

一般社団法人ソーシャルプロダクツ普及推進協会（APSP）
株式会社SoooooS.カンパニー

APSP／2012年7月設立，東京都中央区
SoooooS.カンパニー／2016年12月設立，東京都中央区

　APSPは，「ソーシャルプロダクツを通して世界を変える」という理念を掲げて，人や地球にやさしい商品であるソーシャルプロダクツの普及を推進している。商品を購入する際にソーシャルプロダクツを選択肢に加えてもらうことで，その消費の力が社会をより良いものにしていくための一歩となると考えて，ソーシャルプロダクツ・アワード（SPA）事業をはじめ，ソーシャルプロダクツに関する調査研究事業や開発支援事業，教育・研修事業を展開する。

　ここでいうソーシャルプロダクツとは，「企業および他の全ての組織が，生活者のみならず社会のことを考えて作り出す有形・無形の対象物（商品・サービス）のことで，持続可能な社会の実現に貢献するもの」を指す。そして，2012年度から開始されたSPA事業では，エントリー商品を社会性，商品性，ストーリー・仕組みの3つの視点から評価して，国内部門，国際部門それぞれで，大賞，特別賞，ソーシャルプロダクツ賞を選出し，毎年表彰している[1]。

　APSPはエシコレに後援してくださり，そのネットワークを活かして，たくさんの協力事業者さまをとりまとめてくださった[2]。APSP専務理事の中間大維さんは，株式会社SoooooS.カンパニー代表取締役でもある。SoooooS.カンパニーは，ウェブ上でソーシャルプロダクツを集めたSoooooS.（スース）というショッピングモールを展開している[3]。中間さんは，『その商品は人を幸せにするか：ソーシャルプロダクツのすべて』という著書も刊行されており，さまざまな形でソーシャルな商品の啓発・普及に努めている。

第6章　エシカルの最前線

【中間さんとの一問一答】

中間大維さん
(一般社団法人ソーシャルプロダクツ普及推進協会専務理事，
株式会社SoooooS.カンパニー　代表取締役)

Q. SPAに応募してくるソーシャルプロダクツの数や内容について。

A. SPAへの応募数は少しずつですが年々増えています。また，その内容に関しては，当初はフェアトレードなど海外関係のものが多かったのですが，近年は海外だけでなく，国内の社会的課題とつながっているものが増えてきています。

Q. SPAやSoooooS.におけるソーシャルプロダクツの発掘方法について。

A. SPAについては，主に3つのルートから取り扱いに至ることが多いです。①ソーシャルプロダクツを扱っている企業をオンラインやリアルで発掘してこちらからアプローチ，②過去のアワードエントリー企業からのご紹介，③オンライン検索などを通じた先方からのアプローチ。スタート当初は当然①だけでしたが，最近では②，③も増えてきています。SoooooS.についても①こちらからのアプローチ，②ご紹介，③先方からのアプローチです。

Q. SoooooS.でのソーシャルプロダクツの掲載点数について。

A. 季節によっても変動はありますが，現在は2,700点ほどです。

Q. これらの活動で，良かったことや感動したことについて。

A. SPAは，大手企業の商品だけでなく，"まだ十分に光が当たっていないが魅力的なソーシャルプロダクツ"に光を当てることを目的の一つにしています。その意味では，「受賞を通じて商品に対する注目度が高まり，メディ

アに取り上げられたり，サイトのアクセスが増えたりして，ビジネスがうまく進みだした」というような声を聞けるのもうれしいことですね。

　また，SPAの受賞商品展示会を見に来られた企業の方が，展示されていた他の商品や他社の活動に触発されてソーシャルな商品開発に取り組むようになり，翌年のアワードに応募してくださったこともありますが，それもうれしかったことです。

　SoooooS.では購入者に対してアンケートを実施しています。「これまでにこのようなサイトはなく，出合えてよかった」，「こんな商品を探していた」などの声が直接聞けるのはありがたいことです。また，それらの声を出店者さまにもお伝えしています。「そのようなコメントをもらえて励みになった」，「より良い商品づくりのためのヒントが得られてありがたい」といったことを言っていただけるのもやりがいにつながっています。

Q. これらの活動で，困難だったことや課題について。

A. ソーシャルプロダクツという概念に対する認知や理解がまだ十分でない中で，ソーシャルプロダクツやSPAを広げていくことです。つまり，自分たちでソーシャルプロダクツを発掘し，その概念を広げ，世の中へ浸透させていかなければならないので，すでに浸透している概念のもとでのプロモーションとは違った難しさがあります。特に最初のうちは，活動実績もなかったため信頼してもらうのが大変でした。

　ソーシャルな領域における縦割り問題も，この取り組みを進めていく上での壁になっています。具体的にはエコ，オーガニック，福祉，地域活性化といったソーシャルプロダクツに含まれる社会的取り組みを横断的にカバーする省庁がなく（対消費者ではなく商品に関して），行政の動きに絡めてソーシャルプロダクツの普及を推進することが難しい状況にあります。

Q. ソーシャルプロダクツを継続的に普及させるためには何が必要か。

A. ソーシャルプロダクツやソーシャルビジネスの場合，どうしても作り手・事業者の強い思いが先行しがちで，社会的課題やソーシャルなバリューの訴求（作り手・売り手の伝えたいこと）が中心となり，商品面でもコミュニケーション面でも生活者が求めていることを十分に提供できていないケースが多々あるように見受けられます。理念や思いはとても大切ですが，生活者や競合他社の状況を正しく認識して，しかるべき価値提供，価値コミュニケーションをしていく必要があるでしょう。

また幼少期からの教育も重要だと考えられます。環境教育が始まって一定の年数が経った後（そうした教育を受けた人たちが社会に出た後），エコな商品が急速に広がりました。ソーシャル全般において持続可能な社会のための教育が進むことが，日本におけるソーシャルプロダクツの市場拡大につながると思います。

Q. 読者に対するエシカル・メッセージ。

A. エシカルやソーシャルといった考え方が自分の生活をしばったり，こうでなければと規定してしまったりすると消費（お買い物）も人生も楽しくありません。大事なことは，基準を満たすものだけを選ばなきゃと難しく考えるより，今よりも少しでも人や地球にやさしいものを選び，今より少しでも長く大切にものを使うことだと思います。それであれば続けられるし，周りの人ともシェアできます。そうしたことの積み重ねによってこそ，より良い社会や持続可能な社会の実現に近づけるのではないでしょうか。

1　一般社団法人ソーシャルプロダクツ普及推進協会「ソーシャルプロダクツ・アワード」，http://www.apsp.or.jp/spa，2017年10月3日閲覧。

2　以下は，エシコレ来場者プレゼントの提供事業者。グローバルスタンダードジャパン合同会社，国友商事株式会社，サラヤ株式会社（SPA2013大賞），株式会社TIGER，豊島株式会社（SPA2015特別賞），ハートツリー株式会社（SPA2017生活者審査員賞），ABCtex，株式会社ハニールネッサンス，NPO法人パルシック（SPA2014特別賞），株式会社地域法人無茶々園，株式会社SoooooS.カンパニー。

3　人や地球にやさしい暮らしのためのショッピングモールSoooooS.，http://sooooos.com，2017年10月3日閲覧。

第 7 章

エシカルと生活者
——定量調査に基づく検討と提案

7-1　エシカルを広めよ

　これから述べるように，アパレル産業で起きている社会的課題も，エシカルという概念も生活者にはそれほど浸透しているとは言えない。そこでエシカルに関する知識の獲得が製品選択に対して与える影響を明らかにすることを目的として，アンケート調査を行った。

　本章では，その結果をもとに，エシカルと生活者の関係について考えたい。

(1)　エシコレ開催前のアンケート調査

　地球，人，動物を尊重してつくられたエシカル・ファッション製品は，持続可能な社会で必要とされる製品であることは明らかである。しかしながら，日本におけるエシカル・ファッション製品の市場規模は極めて小さい。例えば，エシカルの代表格であるフェアトレード商品の日本の市場規模は，世界市場の1％ほどであり，欧米諸国に比べて成長していない（第2章参照）。

　我々はその原因の一つは，生活者が現状およびエシカルの考え方を知らないことにあるのではないかと考えた。すなわちエシカル概念の認知・理解度の低さが，エシカル・ファッションの普及を妨げているのではないか。生活者がエ

シカル商品を積極的に求めるようになれば、顧客ニーズを追求して価値創造する企業行動もエシカル志向にむかう。したがって、本調査は「エシカルの認知・理解度を上げればエシカル商品の購買意欲は上昇して、その結果、労働者や地球環境に優しい商品が増えるのではないか」という考え方に立脚してデザインされた。

エシコレ開催前に実施したアンケート調査の仮説は、以下の通りである。

仮説1：現状では、エシカル概念を認知、理解している人は極めて少ない。
仮説2：現状では、エシカル商品購買意欲も低い。
仮説3：エシカル認知・理解度が高まれば、エシカル商品購買意欲が高まる。

本アンケート（巻末参考資料1「エシカル・ファッション認知度調査アンケート」）は、2016年7月から8月にかけて実施された。関西大学の学生470名と社会人（25歳〜60歳）197名、総計667名の有効回答を得た。

エシカル概念の認知・理解度について、大学生と社会人でクロス集計したものが、図表7-1である。

「エシカル・ファッション」という言葉について「聞いたこともない」と回答したのは、全体の84.2%であり、学生だけに対象を絞れば、9割以上にも上る。仮説1のエシカル概念の認知・理解度は極めて低いということは、支持されたと考えてよいだろう[1]。

次に、「エシカル」という言葉単体の認知度が低いのか、それとも地球環境や労働環境に優しい考え方全般が認知されていないのかという点を探るために、エシカル関連用語の認知度についても調査した。

その結果、エシカルという概念に含まれる関連用語の認知度に非常に大きな差が見られた（図表7-2）。認知度が高い言葉としては、「エコ」の94.6%、「オーガニック素材」の81.2%、「フェアトレード」の60.6%があげられる。したがって、「エシカル」という言葉の中身に関しては、認知が進んでいる項目と進んでいない項目があることがわかった。

第7章　エシカルと生活者

図表7-1　属性別のエシカル認知・理解度

「エシカル・ファッション」という言葉を聞いたことはありますか。

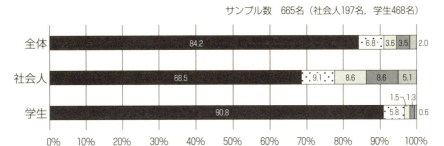

筆者作成。

図表7-2　エシカル概念に包括される関連用語の認知度

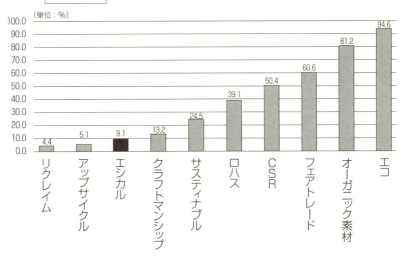

筆者作成。

161

図表7-3は，エシカル商品購買意欲を調べたものである。服を購入する際，誰しもが価格を重視するだろう。一方で，エシカル商品はコストカットよりも，労働者や環境問題に配慮することを優先するため，相対的に価格が若干高くなることが多いと考えられる。そのような価格差も踏まえた上で，エシカル商品購買意欲を検討した。「若干低価格だがエシカルかどうかわからない商品」と「若干高価格だがエシカルな商品」があり，どちらも予算内に収まるとしたら，いずれを選ぶか回答してもらった（巻末参考資料1の問7参照）。

　その結果を，エシカル認知・理解度（図表7-1）とでクロス集計した。

　図表7-3からわかるように，全体の約6割の人が「低価格だがエシカルかどうかわからない商品」を選択した。仮説2についてだが，半数以上がエシカ

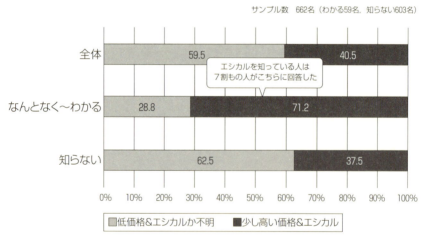

図表7-3　価格別のエシカル商品購買意欲

筆者作成。

ルかどうかよりも価格を優先して購買する傾向にあることがわかる。

しかし，「エシカル」認知・理解が高い回答者に限れば，「エシカルかどうかわからない商品」を選ぶのは3割未満となり，逆に7割以上の人が「若干高価格だがエシカルな商品」を選ぶと回答している。エシカル認知・理解度の差異と，エシカル商品購買意欲の差異は，クラメール連関係数でも有意差が出ていることから，仮説3「エシカル認知・理解度が高まれば，エシカル商品購買意欲が高まる」は支持されたと言えるだろう。

ただし，エシカル購買意欲がそのままエシカル商品購入につながるとは言えない。欧米の研究では，エシカル購買ギャップ（The ethical purchasing gap）という言葉が用いられている。エシカル商品を購入すると回答しても（購買意欲があっても），実際に購入する人（購買行動に移す人）はわずかだということを表している（ブレイほか：Bray, et al. 2011，キャリントンほか：Carrington, et al. 2014）。

したがって，エシカル商品購入に関する障壁を調べる必要がある。エシカル商品の購入体験を聞き，購入した経験のない人にその理由について尋ねたものが，**図表7-4**である[2]。

エシカルを知らなかったからという理由以外では，「商品が判別できない」「販売場所が不明」といった理由があげられた。エシカルという概念だけでなく，商品そのものの情報が生活者に伝わっていないことがわかる。

以上が，エシコレ実施前のアンケート調査結果である。エシカルの認知度を上げればエシカル商品の購買意欲は上がると考えられるが，エシカル商品情報自体が生活者に伝わっていない実態を知り，エシコレのファッションショーでは，各ブランド情報を組み込んだプログラムにした。

(2) エシコレ開催後のアンケート調査

エシコレ・イベントの効果を検証すべく，来場者にイベント終了後（2016年12月11日）に事後アンケートを実施した（巻末参考資料2「エシカルファッションコレクションに関するアンケート」）。このアンケートでは191名の有効

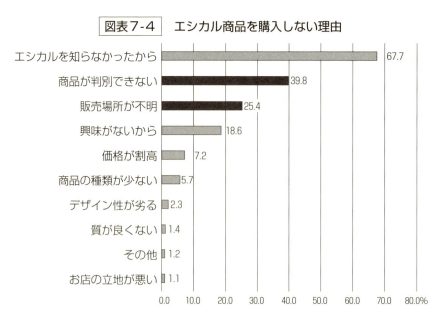

図表7-4　エシカル商品を購入しない理由

筆者作成。

回答を得た。エシコレ・イベントの効果に関する仮説は，以下の通りである。

　仮説4：エシコレ・イベントは，エシカル認知・理解度を上昇させる。
　仮説5：エシコレ・イベントは，エシカル購買意欲を上昇させる。

　仮説4に対しては，本アンケートQ1とQ2で，エシカル・ファッションについての認知・理解度の変化を調査した（図表7-5）。イベント開催直前にたずねたQ1の認知・理解度平均値は2.72，イベント直後にたずねたQ2の認知・理解度平均値は4.22となって上昇がみられた。t検定の結果，この認知・理解度上昇は有意であり，イベントがエシカル認知・理解度の向上に貢献したことを示している。よって仮説4は支持された。

　仮説5に関しては，図表7-3と同じエシカル商品の購買意欲に関する質問，「若干低価格だが非エシカルな商品と若干高価格だがエシカルな商品」のどち

第7章　エシカルと生活者

図表7-5　エシカル認知・理解度の変化（統計量と t 検定結果）

対応サンプルの統計量

		平均値	度数	標準偏差	平均値の標準誤差
ペア1	ショー開催前	2.72	160	1.280	.101
	ショー開催後	4.22	160	.660	.052

対応サンプルの検定

		対応サンプルの差					t 値	自由度	有意確率（両側）
		平均値	標準偏差	平均値の標準誤差	差の95%信頼区間				
					下限	上限			
ペア1	ショー開催前ショー開催後	-1.500	1.166	.092	-1.682	-1.318	-16.279	159	.000

($p<0.001$)

筆者作成。

らを選ぶか，今回の来場者にエシコレ・イベント直後に回答してもらった。

　開催前に実施した調査（図表7-3）では「低価格だが非エシカルな商品」を選ぶ人が59.5％，「高価格だがエシカルな商品」を選ぶ回答が40.5％であったのに対し，イベント開催後には「低価格だが非エシカルな商品」を選ぶ人が11.2％にとどまり，「高価格だがエシカルな商品」を選ぶ回答が88.8％であった。

　イベント前後の参加者人数，それぞれ選択肢を選んだ人数の割合は以下の図表7-6の通りである。これら標本比率の差が無いことを帰無仮説として，検定を行った。データは「低価格だが非エシカルな商品」，「高価格だがエシカル

図表7-6　イベント開催前後におけるエシカル購買意欲の変化

	イベント前	イベント直後
合計人数	664	178
低価格＆非エシカル	395	20
高価格＆エシカル	269	158
高価格＆エシカルの割合	0.4051	0.8876

筆者作成。

な商品」のどちらかを選ぶ2択のデータとなっているため、標本比率の差が近似的に正規分布に従う定理（ド・モアブル＝ラプラスの定理）に従い z 検定を用いた。その結果、z 値は11.43となり、有意水準0.05に対応する値である1.96よりはるかに高く、有意となった。したがって、仮説5は支持された。

続いて、エシコレ・イベントに関する観客の満足度調査を実施した。Q3のように、5段階のリッカート尺度を用いて、5が非常に満足、1が非常に不満とした。総合満足度の平均値は4.53と極めて高かった。その総合満足度をベースとして各項目の相関関係を分析し、グラフ化したものが図表7-7である。

横軸が、総合満足度と各項目の相関係数を示している。これは、総合満足度への各項目の影響度合いを表し、すなわち各項目の重要度を意味する。縦軸は、各項目の満足度平均値であり、各項目の満足度を意味する。そうすると、図表の右上に配置している項目が、総合満足度を高める上で重要な項目であり、かつすでに満足度も高いものになる。右下は、重要な項目でありながら、満足度が相対的に低いものである。同様に、左上は重要度が低く満足度は高い項目、

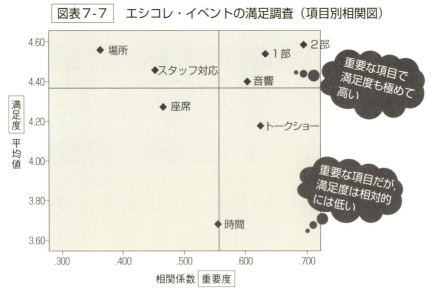

図表7-7　エシコレ・イベントの満足調査（項目別相関図）

筆者作成。

左下は重要度も満足度も低い項目となる。

この図表から第２部ショー，第１部ショー，音響は総合満足度に極めて大きな影響を及ぼす項目で，かつ各項目単体の満足度が高いということが読み取れる。したがって，楽しみながら学ぶこのイベント形式は，来場者の満足度を高めたということがわかった。

開催時間の長さに関しては満足度平均値3.68であり，一番低い値であるが，それでも４（やや満足）をやや下回るぐらいであった。重要な項目で満足度が相対的に低めに出たのが，トークショーの4.17である。この２点の満足度が高まれば，総合満足度はさらに高くなったと考えられる。

トークショーの満足度は相対的には高くなかったが，エシカル購買意欲を上昇させるという本イベント目的への効果について別途考える必要がある。我々は，エシカル・イベントを企画した際に，ファッションショーだけでは，エシカル認知を高めても十分な理解を促すことはできず，購買意欲を動かす上で不十分ではないかと考えた。したがって，以下の仮説を立てて，トークショーもエシカル・イベントに組み入れた。

仮説６：イベントの中でも，トークショーがエシカル購買意欲を最も高める。

イベント直後データのＱ３の観測変数をすべて説明変数に用いた，イベント直後のＱ４に対するロジット回帰分析の結果を図表７-８に載せた。

質問項目Ｑ４のデータから，「エシカル商品を選ぶ」ならば"１"を，「非エシカル商品を選ぶ」ならば"０"を取る二値データが得られる。それに対するＱ３の全変数の影響を調べるため，ロジット回帰分析を用いる。これによりエシカル商品の選択に対するＱ３の各項目の影響力を調べることができる。推定値の"＊"は５％水準で有意であること，"＊＊"は１％水準で有意であることを表している。これらの有意に関する添え字表記は以降の図表でも用いる。

図表７-８より，トークショーに対する回帰係数は５％有意水準で有意となっている。これよりトークショーの満足度が高い人ほど，エシカルな商品を選択

図表7-8 ロジット回帰分析のパラメータ推定値

パラメータ	推定値	標準誤差
切片	−8.582**	2.818
総合	−0.460	0.7444
1部	0.385	0.5320
トークショー	1.362**	0.5149
2部	−5.17	0.7315
場所	0.603	0.5347
座席	0.861	0.4986
スタッフ	−0.013	0.5258
時間	0.255	0.4872
音響	−0.356	0.5366
内容	0.691	0.5317

筆者作成。

する確率（エシカル購買意欲）が高くなると言える。

しかし，トークショーに対する満足度とエシカル商品を選ぶ傾向の間には，エシカルに対する元々の関心の高さによる擬似相関が生じている可能性がある。つまり元々エシカルに対する意識が高ければトークショーに対する満足度も上がり，かつエシカル商品を選ぶ傾向も高いため，トークショーの係数が有意となり，両者に原因と結果の関係が成立していない可能性もある。

そこで，イベント開始直前に調査したエシカル・ファッションに対する理解度を用いて，ショー開始直前のエシカルに対する理解度の影響を取り除いたロジスティック回帰分析を行った。この理解度の項目は「1．全く理解していない」から「5．非常に理解している」までの5段階評定項目であり，本アンケートではQ1に当たる。この分析により，Q1の理解度が一定のときの他の変数のエシカル商品の選択に対する影響度を調べることができる。結果が図表7-9である。これもトークショーのみが有意となった。つまりQ1の理解度が一定であっても，トークショーにはエシカルに対する意識を高める効果があったと結論できる。したがって，仮説6も支持された。

図表7-9 理解度とロジスティック回帰分析のパラメータ推定値

パラメータ	推定値	標準誤差
切片	−7.736**	2.850
Q1・理解度	0.060	0.3527
総合	−0.419	0.7798
1部	0.135	0.5755
トークショー	1.400**	0.5214
2部	−0.646	0.7775
場所	0.478	0.5529
座席	0.814	0.5077
スタッフ	0.090	0.5253
時間	0.235	0.4960
音響	−0.101	0.5867
内容	0.622	0.5494

筆者作成。

(3) エシコレ・イベントに関する定量研究のまとめ

　エシコレ・イベントの前後で2回実施されたアンケート調査の結果と，ここまでの流れをまとめる。

　現状では，エシカル概念を認知，理解している人は極めて少ない。図表7-1，7-2で示されたように，その認知度は1割に満たない。またエシカル商品の購買意欲についても，エシカルであることよりも価格が割安であることを優先したいと考える人が相対的に多い。しかしながら，エシカル認知・理解が進むと，若干割高でもエシカルな商品を選択する人が相対的に多くなり，いわゆるエシカル購買意欲が高くなる（図表7-3）。

　つまり事前調査結果では，エシカル認知・理解を上げれば，エシカル購買意欲が高まることが明らかになった。しかしながら，エシカル先進地域における先行研究においても，エシカル購買ギャップという現象が取り上げられていて，購買意欲は高くても，実際に購買行動に移す人は極めて少ないとされているの

が現状だ。したがって，購買阻害要因をアンケート結果から考えるに，商品が判別できない，販売場所が不明という，商品と購買場所の情報伝達不足に一因があることもわかった（図表7-4）。したがって，エシカル商品情報をわかりやすく伝達することも組み込んだエシコレ・イベントのプログラムを練った。

エシコレ・イベントは，所期目的どおり，エシカル認知・理解を大幅に上昇させることができた（図表7-5）。エシカル購買意欲も上昇させた（図表7-6）。またエシコレ・イベントの内容として，来場者満足度が高くなるファッションショーだけでなく，トークショーを組み込んだことが，エシカル購買意欲を高める上で効果的であったことが立証された（図表7-8，7-9）。

7-2　エシカル志向社会をめざして

(1)　生活者のエシカル志向

これまでの調査で，エシカル認知度・理解度を上げれば，エシカル購買意欲が高まることが示された。私たちは今後も，各種産業の裏側で起きている悲劇的な現実と，反対にエシカル志向の企業・商品の正確な情報を生活者に伝えていく必要があると考える。

生活者がエシカル志向になり，エシカル商品を求めるようになれば，企業もエシカル志向に舵を切り始めるだろう。しかしながら，そもそもの話，エシカルは絶対的に善いことであるのに，企業はなぜエシカル志向になれないのか。それは一つにエシカル志向になること，すなわちさまざまなもの・ことに配慮していくことはコストアップ要因になるからだ。

したがって，企業はエシカル志向になることで生じるコストアップ要因を，戦略的なマーケティング活動で補っていく必要があるだろう。したがって，最後に，企業が戦略的にエシカルを掲げて生活者にアプローチする方法についても，若干の検討を行った。企業は生活者に対してセグメント別にアプローチする必要があると考え，ファッション商品を買うときの購買決定要因を探り，そ

れで生活者をセグメント化した。

「ファッション商品を購買する際に重視する項目」を11項目設定した。各項目の回答データに主成分分析を用いて、生活者が購買行動の際に重視する主成分を抽出した。項目には価格やデザインに加えて、環境面の配慮や耐久性などを用意した。詳しい質問内容は巻末参考資料1の問1を参照されたい。

図表7-10は、各項目の5段階評価の平均をグラフに表したものである。平均値が5に近いものは重視する人の数が多く、逆に1に近いものは重視する人の数が少ない。結果としては、デザインや価格、組み合わせといった要因についての平均値が高かった。

このデータに対し主成分分析を適用し、購買行動の際に生活者が重視する主成分を抽出した。主成分数の判断にはスクリープロットを用いた。その結果が

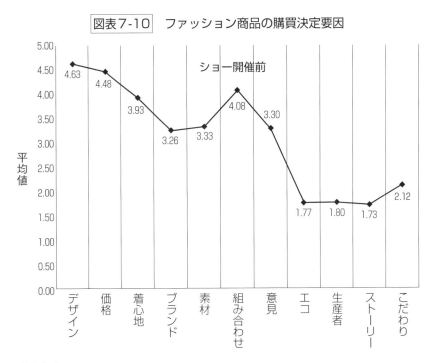

図表7-10　ファッション商品の購買決定要因

筆者作成。

図表7-11 ファッション商品の購買決定要因の項目に対する主成分負荷量

	主成分		
	1	2	3
商品のストーリー性	0.833	−0.132	0.095
生産者への配慮	0.831	0.093	−0.183
エコ	0.780	0.202	−0.227
生産地などへのこだわり	0.707	−0.211	0.182
価格	−0.322	0.667	−0.109
着心地	0.061	0.631	0.168
周囲の意見	0.012	0.451	0.092
デザイン	−0.346	−0.003	0.771
ブランド	0.303	0.023	0.565
組み合わせ	−0.013	0.171	0.544
素材	0.346	0.223	0.371

筆者作成。

図表7-11である。

図表7-11に表される3つの主成分を以下のように解釈，命名した。

第1主成分：生産背景主成分
第2主成分：価格と手軽さ主成分
第3主成分：おしゃれ主成分

第1主成分は「商品のストーリー性」・「生産者への配慮」・「エコ」・「生産地などへのこだわり」の項目に対する負荷量が高いため「生産背景主成分」と解釈する。この主成分の得点が高い生活者は，購買行動の際にそのファッション商品が生産環境に配慮された商品であるか，商品購入によって間接的に社会貢献できるかを考えるであろう。生産環境に関わる問題やエシカルに対して敏感であると考えられる。

第2主成分は「価格」・「着心地」・「周囲の意見」の項目に対する負荷量が高

いため「価格・手軽さ主成分」と解釈する。この主成分得点の高い生活者は，価格や着心地，周囲の意見やアドバイスを非常に重視する。安くて着心地のよいものを優先して選び，他者の視線も気にするという意味では，例えばファストファッション商品を選ぶ傾向が強いと予想できる。

第3主成分は「デザイン」・「ブランド」・「組み合わせ」・「素材」の項目に対する負荷量が高いため「おしゃれ主成分」と解釈する。この主成分得点の高い生活者はデザインを非常に重視する。価格よりも服のブランドや組み合わせ，素材などを気にかけ，他のセグメントに比べファッション商品を頻繁に購入することが予想される。

さらに回答者の主成分得点に対し階層的クラスター分析（平方ユークリッド距離，ウォード法）を用いて，回答者を3グループに分類した。各グループの主成分得点の平均値を**図表7-12**に示した。

第1グループは生産背景主成分が最も高く生産背景の問題に関して敏感である一方，価格と手軽さ主成分，おしゃれ主成分の得点も高い。生産背景の問題に配慮するだけでなく，リーズナブルであるか，またおしゃれであるかにも注意を払っているグループだとわかる。

第2グループは価格と手軽さ主成分のみ正値であるが全体的に数値が低く，服にそもそも興味がないグループであると言える。よって，このグループは3つの主成分の中では「価格と手軽さ主成分」の特徴を最も強く持ち，価格を大変重視しつつ，友人や恋人など周りの人の意見に左右されるグループと言える。

第3グループはおしゃれ主成分が最も高く，次いで生産背景主成分が高い。

図表7-12　クラスター分析によるグループと主成分得点平均値

	生産背景主成分	価格と手軽さ主成分	おしゃれ主成分
第1グループ	0.7497	0.4877	0.5970
第2グループ	−0.1291	0.0479	−1.2957
第3グループ	0.1543	−0.4667	0.2457

筆者作成。

また価格と手軽さ主成分は負のため，安さや手軽さなどはあまり重視していないことがわかる。このグループはおしゃれに強い関心があるが，一方で生産背景も重視しているとわかる。デザイン性の良い服を求め，さまざまな店舗を訪ねる中で，エシカル商品を扱う店舗に入る機会もあると考えられる。エシカルに対する認知度は第2グループよりは高いことが予想される。

　グループサイズ（構成人数）としては，おしゃれ主成分得点の高い第3グループが最も大きく，第1グループが最も小さい規模であった。

(2)　生活者へのアプローチ：事業者のエシカル戦略への提案

　仮説を立てた時点では，事業者が生活者にアプローチする優先順位として，その内容から生産背景主成分得点の高いグループ（第1グループ）が適切だと想定していたが，実際には人数が少ないため，ここに重点的に訴求しても効果的ではないだろう。そもそも生産背景主成分得点の高いグループは，部分的においてでもすでにエシカルに該当する消費生活を行っている可能性が高いため，あえてターゲットとする必要はないとも考えられる。ただし現在ではSNSなどの普及により生活者自身も情報発信できるため，事業者はエシカルという考え方を広めてもらうためのターゲットとして，第1グループと積極的にコミュニケーションしていく必要があるだろう。

　おしゃれ主成分得点が比較的高い第3グループは服によくお金をかけるため，エシカル商品のデザインやブランドで優れた品質を実現し，それをうまく生活者に伝えれば購買に促すことができる。事業者が一番力を入れるべきターゲットはこのグループになるだろう。つまり事業者は，エシカルに留意しながら，デザイン・品質・ブランドイメージの向上に力を入れて，商品価値をより一層高めていく必要がある。

　そのためのいろいろな方法が考えられるが，基本的に押さえるべきエシカル戦略とは下記の2つである。第一に，エシカルな作り方・流通の仕方・売り方をするからこそできる商品の個性，もしくはストーリー性を磨き上げて，ブランディングに結びつけること。エシカル商品とは，困難な課題解決に創意工夫

して取り組むことで生まれるものであり，その創意工夫のプロセスは商品や価値に強いストーリー性や文脈性を付加する。そういったことを強みとしていく必要があるだろう。

　第二に，それをわかりやすく明確に生活者に伝えて，コミュニケーションしていくことである。第6章のケースで見てきたように，すでに各事業者は上記2点を十分意識して，事業を展開している。しかし，生活者にはまだまだ伝わっていない。したがって，下記においてその戦略に幾つかの提案をしたい。

　近年，エシカルを前面に打ち出すことなくマーケティングを行う事業者も増えてきている。そうすると，生活者はブランドやデザインが好きだからという理由で商品を選び，その背景のストーリーを知らないといった状況も出てくるだろう。こうしたアプローチも，結果的にエシカル購買が広まるわけであるし，企業戦略としてエシカルという枠にはめずに，幅広い層にアピールできるメリットがある。そこで，エシカル概念自体の認知度が低い現況では，購入のきっかけは何であれ，購入後に商品・サービスのエシカル情報がより一層生活者に伝わるコミュニケーション戦略もセットで行うと，エシカル啓蒙につながり，関連業界の発展により一層寄与するのではないだろうか。

　またエシカル事業者のマネジメントにおいては，ベストプラクティスといった形で，業界を問わず，どん欲に学び吸収する姿勢も必要だろう。特に本物志向で，難しい課題解決に成功している他業界のビジネスモデルを検討して自社にも良いところを組み込んでいく必要があるだろう[3]。

　本物志向のビジネスとは，業界・地域・社会・地球といった広い視野で，より良きものを追求していくビジネスであり，その経営は突き詰めればエシカルとつながっていく。また業界全体を考えた動きや，広い視野での変革を目指す動きにもつながっていく。逆に言うと，エシカルをブランディングしていく上では本物志向といったことを突き詰めて考えてみるという方向性もあるだろうし，業界全体もしくはバリューチェーン全体での変革を考えてみる必要もあるだろう。

(3) コレクティブなインパクト：エシカルが広がるために

いずれにせよ，1事業者だけで行えることは限られている。したがって，エシカルという想いを同じくする同業者で集まって，インパクトの大きなマーケティング活動を行っていくことが，ますます求められるのではないだろうか[4]。

今回のエシコレ企画は，いわば，そのようなコレクティブなインパクトを求めた企画でもあった。多くの事業者を集めて，おしゃれを意識したファッションショーとエシカルに関するトークショーを行ったわけである。このような取り組みを，事業者たちのイニシアティブだけで行うのは逆に難しいのかもしれない。したがって今回，我々のような大学や学生を含む第三者団体が声をあげる意義はあったのではないかと考えている。

日本にエシカルが根づくためには，事業者たちと，志を同じくする人々とで，もっともっとマーケティング努力と工夫を続けていく必要があるだろう[5]。また私たち生活者一人ひとりが，広い視野で物事をみるように心がけ，想像力と創造力を働かせて，より良い社会について時に考えてみて，アクションをとってみることが重要だろう。

注

1　なお私たちの調査後に発表された「倫理的消費」調査研究会（2017）における，より大規模なウェブアンケート調査においても類似のアンケート調査結果が開示されており，エシカルや倫理的消費の認知度は1割未満になっている。

2　Bray, et al（2010）では，エシカル消費の阻害要因として以下をあげている。価格の問題（割高），生活者の倫理的義務感の低さ，エシカル商品の各種情報の欠如，エシカル商品の品質の低さ，習慣化されていない，エシカルへのシニカルな考え方などである。

3　例えば，株式会社中川政七商店や株式会社サンクゼールといった企業は，本物志向で成功している企業である。

　㈱中川政七商店は「日本の工芸を元気にする！」というミッションを掲げて，職人や伝統技術を守り育むためにSPA（製造小売り）体制でコンサルティングをしながら伝統地域の活性化をめざしている。

　㈱サンクゼールは，サンクゼールと久世福商店というメイン・ブランドでこだわりの食

品の製造販売を行っている。久世福商店では，全国の誇り高き生産者たちとネットワークを組み共同開発した厳選商品を取り扱い，世界を目指して和食文化を発信している。同社の経営理念は，誠実さや人を尊重することなどの価値観を掲げたもので，経営上一番大切にしているものである。

　このように，本物志向を突き詰めると，エシカルとつながってくるとも言える。
4　第6章のケースに登場した㈱SoooooS.カンパニーは，ソーシャル・プロダクツのコレクティブなインパクトを考えた会社であるが，こういった動きがますます活発になりさらに展開していくことを期待したい。
5　これ以外にも，エシカル消費の普及のために必要なこととして，学校などにおけるエシカル教育の重要性もあげられる。「倫理的消費」調査委員会（2017）では，先進欧米視察より，エシカル教育，キャンペーン，メディア報道，地域内コラボレーションの有効性を見いだしている。

◆参考文献

株式会社サンクゼール，http://www.stcousair.co.jp/company/，2017年12月3日閲覧。
株式会社中川政七商店，http://www.yu-nakagawa.co.jp/about/，2017年12月3日閲覧。
「倫理的消費」調査研究会（2017）『「倫理的消費」調査研究会取りまとめ：あなたの消費が世界の未来を変える』，http://www.genki-net.jp/20160126nakajima3.pdf，2017年6月1日閲覧。
Bray, J., Johns, N. and Kilburn, D.（2011）"An Exploratory Study into the Factors Impeding Ethical Consumption", *Journal of Business Ethics*, 98, pp.597-608.
Carrington, M. J., Neville, B. A. and Whitwell, G. J.（2014）"Lost in translation: Exploring the ethical consumer intention-behavior gap", *Journal of Business Research*, 67, pp.2759-2767.

（宮﨑慧・横山恵子，協力：北田樹・エシコレ学生実行委員会）

参考資料1　エシカル・ファッション認知度調査アンケート

エシカル・ファッション認知度調査アンケート　日付　2016年　　月　　日

関西大学商学部横山ゼミのエシカル・ファッション班です。私たちはゼミ活動の一環で、エシカル・ファッションについての調査を進めております。
いただいた回答はアンケートの目的以外には一切使用いたしません。アンケートにご協力お願いいたします。

以下の質問について、あてはまるものに丸をつける、もしくは自由回答をしてください。

問1．ファッション商品（服・靴・小物・雑貨・アクセサリetc.）を購入する際、以下の項目をどのくらい重視しますか。重視度に丸をつけてください。
　　　　1．全く考慮しない　2．ほとんど考慮しない　3．時々考慮する　4．やや重視する　5．重視する

項目	1	2	3	4	5
・デザイン	1	2	3	4	5
・価　格	1	2	3	4	5
・着心地	1	2	3	4	5
・ブランド	1	2	3	4	5
・素　材	1	2	3	4	5
・持っている服や商品との組み合わせ	1	2	3	4	5
・友人・恋人・家族などの意見	1	2	3	4	5
・エコに配慮してつくられたか	1	2	3	4	5
・生産者に配慮してつくられたか	1	2	3	4	5
・その商品や会社にストーリー性があるか	1	2	3	4	5
・生産地などにこだわりがあっていくられているか	1	2	3	4	5

問2．「エシカル・ファッション」という言葉を、あなたはどのくらいご存知ですか。1つだけ丸をつけてください。
1．聞いたこともない　　2．聞いたことはあるが意味はわからない
3．聞いたことはあり意味もなんとなくわかる　　4．意味がある程度わかる　　5．意味がよくわかる
問3．問2で、2～5に丸をつけた方にお聞きします。いつ頃、どこで、何で、「エシカル・ファッション」という言葉に出会いましたか。

問4．以下の選択肢の中で、知っている言葉があれば丸をつけてください（複数回答可）。
1．エコ　　2．ロハス　　3．フェアトレード　　4．サスティナブル　　5．アップサイクル
6．オーガニック素材　　7．リクレイム　　8．クラフトマンシップ　　9．CSR
問5．誠実に（＊）つくられた製品を「エシカル・ファッション」と呼ぶとき、あなたはそういったファッション商品を購入した経験はありますか。
＊誠実とは、「生産・流通段階での環境負荷」や「労働者の人権」に配慮していることを意味します。
1．購入したことはない　　2．購入したことがある　　3．よく購入する
問6．問5で、1か2に○をつけた方にお聞きします。未購入やあまり積極的に購入していない理由をお聞かせください（複数回答可）。
1．エシカルを知らなかったから　　2．興味がないから　　3．売っている場所がわからないから
4．どの商品がそうなのか判別できないから　　5．お店の立地が悪いから
6．デザイン性で劣るから　　7．価格が割高だから　　8．質がよくないから
9．商品の種類が少ないから　　10．その他（　　　　　　　　　　　　　　　　　　　　　　）
問7．どちらも予算内にあるとしたら、あなたは以下のどちらの服を選びますか。1つ選んでください。
1．デザイン性や品質に優れ価格も相対的に安いが、誠実に（人権、環境に配慮して）つくられているかどうかわからない商品
2．デザイン性や品質は1と同様で、かつ誠実に（人権、環境に配慮して）つくられているが、価格が相対的に若干高い商品
問8．前述のエシカルという考え方に、簡単に協力できることがあれば協力したいと思いますか。以下の選択肢の中から具体的に協力したいと思う方法に丸をつけてください（複数回答可）
1．服を大事に長く着用する
2．いらなくなった商品で使えるものは、ただ捨てるのではなくリサイクルに出す
3．エシカルについて詳しく調べる　　4．エシカル商品について、他の人々とも話し合う
5．エシカル商品を購入する
6．買い物の際、選択肢にエシカル商品を入れて行動するよう心がける
7．エシカルに関する団体活動に寄付をする　　8．エシカルに関する団体活動に参加する
9．協力したいとは思わない
問9．性別を教えてください。
1．男性　　2．女性
問10．学年を教えてください。
1．一回生　　2．二回生　　3．三回生　　4．四回生　　5．大学院生

質問は以上です。ご協力ありがとうございました。

　　　　　　　　　　　　　　　　　　　　　　　　　　関西大学商学部 横山ゼミ エシカル・ファッション班

| 参考資料2 | エシカルファッションコレクションに関するアンケート |

エシカルファッションコレクションに関するアンケート

本日はご来場いただき誠にありがとうございます。
以下のアンケートにご協力をお願いいたします。イベントの品質向上に活用させていただきます。

以下の質問について，あてはまるものに丸をつける，もしくは自由回答をしてください。

Q1．イベント開始前にお答えください。 あなたの「エシカルファッションについての**理解度**」についてお答えください。

　　5．非常に理解している　　4．まあまあ理解している　　3．どちらともいえない
　　2．あまり理解していない　　1．全く理解していない

ここからはイベント終了後にお答えください。

Q2．現在（イベント終了後）のあなたの「エシカルファッションについての**理解度**」についてお答えください。

　　5．非常に理解している　　4．まあまあ理解している　　3．どちらともいえない
　　2．あまり理解していない　　1．全く理解していない

Q3．このイベントの満足度を，下記の五段階でお聞かせください。

非常に満足	やや満足	普通	やや不満	非常に不満
5	4	3	2	1

・総合的な満足度について　　　　　　　　　　（ 5 ・ 4 ・ 3 ・ 2 ・ 1 ）
・第1部ファッションショーについて　　　　　（ 5 ・ 4 ・ 3 ・ 2 ・ 1 ）
・エシカル・トークショーについて　　　　　　（ 5 ・ 4 ・ 3 ・ 2 ・ 1 ）
・第2部ファッションショー＆抽選会について　（ 5 ・ 4 ・ 3 ・ 2 ・ 1 ）
・開催場所について　　　　　　　　　　　　　（ 5 ・ 4 ・ 3 ・ 2 ・ 1 ）
・座席の位置について　　　　　　　　　　　　（ 5 ・ 4 ・ 3 ・ 2 ・ 1 ）
・スタッフの対応について　　　　　　　　　　（ 5 ・ 4 ・ 3 ・ 2 ・ 1 ）
・開催時間の長さについて　　　　　　　　　　（ 5 ・ 4 ・ 3 ・ 2 ・ 1 ）
・イベント全体の音響・映像について　　　　　（ 5 ・ 4 ・ 3 ・ 2 ・ 1 ）
・イベント全体の内容について　　　　　　　　（ 5 ・ 4 ・ 3 ・ 2 ・ 1 ）

満足や不満足を感じた**理由**について，コメントがあればお聞かせください。

Q4．どちらも**予算内にある**としたら，これからはどちらの商品を選ぼうと思いますか。

1．デザイン性や品質に優れ**価格も相対的に安い**が，誠実に（人権，環境に配慮して）つくられているかどうかわからない**非エシカル商品**
2．デザイン性や品質は1と同様で，かつ誠実に（人権，環境に配慮して）つくられているが，**価格が相対的に若干高いエシカル商品**

Q5．あなたはファッション商品を購入する際，以下の項目についてどのくらい**重視**しますか。

5．とても重視する　　4．やや重視する　　3．時々考慮する
2．ほとんど考慮しない　　1．全く考慮しない

・デザイン	（5・4・3・2・1）
・価格	（5・4・3・2・1）
・着心地	（5・4・3・2・1）
・ブランド	（5・4・3・2・1）
・素材	（5・4・3・2・1）
・持っている服や商品との組み合わせ	（5・4・3・2・1）
・友人・恋人・家族などの意見	（5・4・3・2・1）
・エコに配慮して作られたか	（5・4・3・2・1）
・生産者に配慮して作られたか	（5・4・3・2・1）
・その商品や会社にストーリー性はあるか	（5・4・3・2・1）
・生産地などにこだわりがあって作られているか	（5・4・3・2・1）

Q6．エシカルやトークショーについての質問やコメントをご記入ください。

Q7．その他感想，改善点，メッセージ等がございましたら，ご自由にご記入ください。

Q8．最後に，年齢や性別などをお聞かせください。

1．男性　　2．女性
1．10～20代　　2．30～40代　　3．50～60代　　4．70代以上
1．中学生・高校生　　2．大学生　　3．就業者　　4．その他

ご協力ありがとうございました。
エシコレ学生実行委員会

参考資料3-1　エシコレ・パンフレット表紙

エシカル・ファッションとは

それは、どこのブランドの服ですか？

今着てる服、誰が作ったの？

私たちはもっと賢くおしゃれになる

（エシコレ）
Ethical fashion collection
2016.12.11(sun) open14:00-18:40
URL://ethicolle2016.peatix.com

主催：関西大学商学部　協賛：リー・ジャパン株式会社，株式会社ココウェル
後援：認定NPO法人リボーン・京都，株式会社オルタナ，株式会社福市(Love&sense)，株式会社阪急阪神百貨店，有限会社シサム工房，一般社団法人ソーシャルプロダクツ普及推進協会，フェアトレードカンパニー株式会社（ピープルツリー），株式会社ボーダレス・ジャパン，ザ・ボディショップ，近畿労働金庫，認定NPO法人アクセス

参考資料3-2　エシコレ・パンフレットp.4

Ⅱ エシカルを考える

1. ショーのきっかけ

　雪がシンシンと降っていた去年のちょうどこの季節、私たちはNPO法人リボーン・京都と出会いました。その頃、私たちはKUBIC（関西大学ビジネスプラン・コンペティション）に参加するために、ゼミ課題のビジネスプランを作成していました。「服が大量に生産され、大量に廃棄されている現実」をなんとかしたいと思い、その課題解決を立案するために調査をしている中で、偶然、NPO法人リボーン・京都の雑誌記事を目にして、「課題解決の糸口」を感じ、直接インタビューするために京都まで足を運びました。
　日本全国から寄贈された着物地（古着がほとんど）を活用し、途上国で洋裁の技術指導を行うリボーン・京都の活動は、日本の伝統文化を大切にしていると同時に、生産過程がとてもエコであると感じました。そして、「伝統×途上国支援という、この素敵な活動を広く若者にも発信したい」と思うようになりました。ちょうど、ボランティアとして活動にたずさわる中で、運営組織の高齢化や世代交代への課題についても目の当たりにしていたところでした。
　私たちは、自然と次のように考えるようになりました。「この活動を社会へ発信したい」、「若者にも興味関心をもってもらいたい」と。そして、両方実現できればこの素晴らしい活動のサスティナビリティ（持続可能性）を高められるとの気持ちが強くなりました。
　そのための手段を考えに考えて・・・「エシカル・ファッションショー開催」というプロジェクトが生まれたのです。

2. UNETHICAL WORLD

IMAGINE

　私たちの世界の裏側ではたくさんの人々、動物、自然が悲鳴をあげています。日本で暮らす私たちの日常からは想像もつかないようなことが世界では起きています。私たちの豊かな生活は、たくさんの犠牲の上に成り立っています。モノの裏側にあるストーリーを想像してみてください。

（提供：NPO法人日本オーガニックコットン流通機構）

世界の全農作物における耕作面積の5％を占めるコットン。農作物に使用される殺虫剤の25％が、コットン畑に使われている。発展途上国の農家の人々は、農薬を扱うことで皮膚が傷つき、気管や内臓器官を痛めている。また過剰な農薬は土中の微生物を殺し、地下へ染み込み、水を汚染している。この悪循環に農家の人たちは苦しんでいる。

（提供：vier pfoten）

ライブハンドプラッキング
私たちが着用しているダウンに使われている羽毛の、非倫理的な採取方法のひとつ。生後12週ほどの鳥の毛を生きたままむしり取る。鳥にものすごい苦痛を与え続けて、数回毛をむしられた後に食用として屠殺されている。

183

参考資料3-3　エシコレ・パンフレットp.5

関西大学商学部
Faculty of Business and Commerce, KANSAI UNIVERSITY

(photo by rijan,Creative Commons,some Right Reserverd-Dhaka Savar Building Collapse)
2013年、バングラデシュのダッカで、縫製工場のビルの崩落事故が発生。死者1,127人、負傷者2,500人以上の犠牲者が出た。欧米や日本の大手衣料品業者が、安価な労働力に依存して同国の劣悪な労働環境を放置したために、悲劇が引き起こされた。

(提供：認定NPO法人ACE)
カカオ農園で働く、学校に通えない子供たち。家族の手伝いが大半だが、人身取引で連れてこられた子供たちも少なくない。

(© Andri Tambunan/Greenpeace)
繊維工場の排水により汚染されたインドのチタルム川。

(提供：株式会社 Don Don up)
日本の衣服の年間廃棄量は約100万トンにものぼる。

3.　エシカルってなに？

Q. エシカル消費、エシカル・ファッション…いつ、だれが言い出したの？
A. 1980年代後半ごろ英国で生まれたコンセプト。日本では2015年に消費者庁で倫理的消費調査委員会が設置された。

Q. 結局、何をすることがエシカルで、エシカル・ファッションってどういうファッションなの？
A. いろいろな定義や考え方あるのだけれども、私たちがいきついたのは、とてもシンプルな右のメッセージ。今日のショーからあなた自身も考えてみてほしい。
　ちなみに、日本語でわかりやすく説明されているサイトとしては、ETHICALFASHIONJAPANさんの「ABOUTEHICAL」は入り口としてよいと思う。オルタナさんのエシカル記事もとっても参考になる。徹底的に考えてみたいのならば、イギリスのEthical Consumerというサイトもお勧め。

Q. エシカル・ファッションって、かなり新しい言葉なの？
A. 類似語はすでにたくさん存在していた。関連のある言葉としては、フェアトレード、サスティナビリティ、CSR、ディーセント・ワーク、オーガニック、クラフトマンシップ、リサイクル、アップサイクル、リクレイム、動物保護などなど。スウェットショップ、児童労働といった言葉はunethical用語。これらは、互いにとっても関連し合っている言葉だから、勉強してみよう！

OUR MESSAGE

想像してみてください。あなたの着ている服が、知らない誰かや何かの犠牲の上につくられているとしたら…？
　一方で、地球・生物・文化を尊重してつくられた洋服には、作り手の信念や工夫が込められています。そこには豊かなストーリーが存在します。そう考えると、「エシカル」とは面白い、のかも。
　今宵のエシコレで、あなたにとっての「エシカル」を見つけだしてみてください。そうだ、皆でエシコレでエシカルを探そう！

参考資料4		エシコレ・タイムテーブル	

エシコレのタイムテーブル　@8階大ホール			
14:00	開場	・受付：7階　　　　　　　　　責任者：高橋峻（エシコレ学生実行委員会）	
15:00 -15:15	開会式	・開会の言葉：総合司会　小谷あゆみ（フリーアナウンサー） ・主催者挨拶：乙政正太（関西大学 商学部長） ・来賓祝辞：小玉昌代（認定NPO法人リボーン・京都 理事長） ・イベント説明：斉内将慶（エシコレ学生実行委員会 副代表） ・注意事項説明・その他	
15:15 -16:20	エシカル・ ファッション ショー 第1部	・UnEthical World上映（5分）ナレーション：辻本紗季（横山ゼミ4年） 　➢何が問題になっているのか，非エシカルな現状の紹介 ・ショー前半（15：20-15：50） 　➢統括：瀬戸脇連（エシコレ学生実行委員会） 　➢各ブランドの世界観を表現 　➢ブランドのエシカル紹介（1分）＋ショー（3～4分） 　　①リボーン・京都，②ピープルツリー，③Alizeti，④ボーダレス・ジャパン， 　　⑤Love&sense，⑥Lee ・小休憩（10分） ・ショー後半（16：00-16：20） 　　⑦パタゴニア，⑧NADELL，⑨JAMMIN，⑩シサム工房，⑪Holden	
休憩（20分）		・協賛・後援企業CM　　　　責任者：竹内望（エシコレ学生実行委員会）	
16:40 -17:45	エシカル・ トークショー	・登壇者：髙津玉枝（株式会社福市 Love&sense 代表取締役） 　　　　　宇野新治（株式会社阪急阪神百貨店 趣味雑貨営業統括部長） 　　　　　水井裕（株式会社ココウェル 代表取締役） 　　　　　根津明子（早稲田大学，アリゼティ 代表） 　　　　　杉本貴志（関西大学商学部 教授） 　➢エシコレ学生実行委員会（北田樹，斉内将慶）のプレゼンによる，エシカルに 　　関する問題提起をもとに，議論を展開	
休憩（15分）		・協賛・後援・協力企業CM	
18:00 -18:30	エシカル・ ファッション ショー 第2部	➢統括・司会：安田萌乃，藤内奎伍（エシコレ学生実行委員会） ・春・夏・秋・冬のファッションショー 　➢ブランド・ミックスの着こなしで，学生モデルが親しみやすさを前面に打ち出 　　したショーを展開 ・来場者への抽選プレゼント 　➢ショーの合間に，22事業者さまからのエシカル商品プレゼントを紹介後，抽選	
18:30 -18:40	閉会式	・閉会の辞：林佑美（エシコレ学生実行委員会 代表） ・アンケートへのご協力依頼，その他連絡	
休憩（20分）		・協賛・後援・協力企業CM	
19:00 -20:40	交流・懇親会	・招待制：参加者をつなげる場，エシカルな交流会	

索　引

英・数

1％フォー・ザ・プラネット 150
And Nature 49
APSP 154
BOP 76
Business Leather Factory（BLF） 134
「COCOFUND」プロジェクト 106
Corva（現：ハルウララ） 134
CSR 132
　──戦略 65, 70-73
　──ピラミッド 9
　──論 9
CSV（Creating Shared Value：共通価値創造） 65, 70, 71
EAST LOOP 114
EP 68
ESG（環境，社会，ガバナンス） 69, 143
　──投資 5
FLO 27
「GOTS（Global Organic Textile Standard）」認証 147
Humming 146
JAMMIN 130
Lee 102
Lee BIRTH PROJECT 104
Love&sense 114
MDGs 6
NADELL 146
NADELL wedding 146
NPO法人SET 41
PBL 90
Pre-Organic Cotton（P.O.C） 104
REBIRTH PROJECT 103
RSPO 5
SDGs 6, 145
SooooS.カンパニー 154
SP 68
WFTO（世界フェアトレード機関：World Fair Trade Organization） 122

あ行

アクセス 138
アニマル・ウェルフェア（動物福祉） 21
アントレプレナーシップ教育 81
一般社団法人マルゴト陸前高田 41
イノベーターの５つの能力（イノベーターのDNA） 84
エコバッグ 24
エシカル（ethical） 1, 7
　──運動 2
　──概念 13
　──教育 177
　──購買ギャップ 163
　──志向 170
　──消費 21
　──商品 170
　──定義 1
　──評価 3
エシカル・アントレプレナー 70
エシカル・アントレプレナーシップ 66, 79
エシカル・アントレプレナーシップ教育 87, 89
エシカル・コンシューマー（ethical consumer） 2

187

エシカル・コンシューマー・リサーチ・アソシエーション（Ethical Consumer Research Association: ECRA）………… 3
エシカル・トレーディング・イニシアチブ（ethical trading initiative）………… 3
エシカル・ファッション ………… 3, 159
エシカル・ファッション・コレクション（エシコレ）………… 90
エシカル・ファッション・フォーラム（Ethical Fashion Forum）………… 3
エシカル・プロダクツ………… 12
エシスコア（ethiscore）………… 3
近江商人………… 78
オーガニック・コットン………… 150
オルター・トレード・ジャパン（ATJ）… 31
オルタナ………… 126
オルタナS………… 126

か行

外圧………… 11
外発的………… 11
　——誘因………… 12
価値共有型（バリュー・シェアリング型）… 11
関西大学エシカル・ファッション・コレクション（エシコレ）………… 90, 101
企業家の倫理………… 64
起業機会………… 86
企業倫理………… 7
規範論的アプローチ（Normative Approach）… 8
共通善（Common Goog）………… 78
協働………… 76
協同組合………… 76
共同体原理………… 67
近畿ろうきん………… 142
クラウドファンディング（CrowdFunding）… 99
経営資源………… 87
経営者倫理………… 64

経済業績………… 68
行動主義………… 87, 93
購買決定要因………… 170
交流人口………… 42
高齢化………… 40
国際フェアトレード基準………… 28
ココウェル………… 106
ココナッツ………… 106
子育て………… 56
コミュニケーション戦略………… 175
コレクティブなインパクト………… 176
コンプライアンス型………… 11

さ行

搾取工場………… 6
サスティナブル………… 13
参加型エシカル消費………… 105
参加型消費………… 127
サンクゼール………… 176
三方良し………… 78
事業型NPO………… 76
シサム工房………… 118
市場原理………… 67
持続可能な開発目標………… 6
持続可能なパーム油のための円卓会議…… 5
実証主義的アプローチ(Empirical Approach)… 8
児童労働………… 31
渋沢栄一………… 78
社会起業家………… 131, 134
社会業績………… 68
社会人基礎力………… 84
社会的課題………… 74
社会的企業（ソーシャル・エンタープライズ）………… 75
社会的責任（CSR）論………… 8
修学旅行………… 41
受動的CSR………… 12

索　引

少子化……………………………… 40
消費者庁…………………………… 5
人口減少…………………………… 40
震災………………………………… 39
スウェットショップ（搾取工場）……… 6
スターバックスコーヒー………… 32
ステイクホルダー………… 8, 9, 13
　──経営……………………… 78
ストーリー性……………… 15, 174
スモーキーマウンテン…………… 139
生活協同組合（生協）…………… 22
世界フェアトレード機関（WFTO）…… 27
攻め………………………… 12, 15, 65
　──のエシカル……………… 13
戦略的CSR………………………… 12
戦略的の社会性…………………… 70
ソシオダイナミクス企業………… 70
ソーシャル………………………… 13
ソーシャル・アントレプレナー
　………………………… 66, 74, 75, 77
ソーシャル・アントレプレナーシップ… 65
ソーシャル・イノベーション……… 65, 77
ソーシャル・エンタープライズ（社会的企業）
　………………………………… 74
ソーシャル・ビジネス……… 73-76, 131, 157
ソーシャルプロダクツ………… 12, 154
ソーシャルプロダクツ・アワード（SPA）
　………………………………… 154
ソーシャル・ベンチャー………… 76

た行

第一次産業………………………… 104
大地を守る会……………………… 32
知の編集力………………………… 87
チーム・マネジメント…………… 96
中間組織…………………………… 76
提携型フェアトレード…………… 32

動物実験…………………………… 22
動物福祉（アニマル・ウエルフエア）…… 5
東北コットンプロジェクト……… 102
ドルフィン・セーフ……………… 22
トレーサビリティ………………… 148
トレーサブル・ダウン………… 150, 153

な行

内圧………………………………… 11
内発的……………………………… 11
　──動機づけ………………… 88
　──誘因……………………… 12
中川政七商店……………………… 176
仲間づくり………………………… 58
南北問題…………………………… 24
二宮尊徳…………………………… 78
日本エシカル推進協議会………… 4
日本生活協同組合連合会………… 34
日本ベンチャー学会……………… 82
認証型フェアトレード…………… 32
認定NPO法人D×P……………… 106
認定NPO法人リボーン・京都……… 110
ネットワーク編集力……………… 87

は行

バイコット（buycott）…………… 3
パタゴニア………………………… 150
東日本大震災……………………… 47
ビジネスモデル………………… 74, 175
ピープルツリー…………………… 122
貧困問題…………………………… 108
ファストファッション………… 35, 173
フェアトレード………………… 5, 22
　──認証マーク……………… 23
フェアトレード・インターナショナル … 27
フェアトレードカンパニー株式会社…… 122
「フェアトレードの10の指針」………… 122

フェアトレード・プレミアム……………… 28
「フェアトレード保証」認証 ……………… 122
福市 ……………………………………… 114
武士道の精神 ………………………………… 78
ブランディング …………………………… 174
フリーレンジ・エッグ ……………………… 20
プレオーガニックコットン ……………… 102
フロー状態 ………………………………… 89
フロー（Flow）理論 ……………………… 88
ボイコット（boycott：不買運動）…… 3, 127
ボーダレス・ジャパン …………………… 134
本物志向のビジネス ……………………… 175

ま行

マークス＆スペンサー ……………………… 32
守り …………………………………… 12, 15, 64
　　――のエシカル ……………………… 13
ミッション …………………………………… 86
ミレニアム開発目標 ………………………… 6

民衆交易 …………………………………… 31
民泊 ………………………………………… 41
メイドインルワンダ ……………………… 112
モチベーション ……………………… 88, 94
モチベーション3.0 ………………………… 88

や行

有機栽培（オーガニック）………………… 20
ヨーロッパ・フェアトレード連盟（EFTA）… 28

ら行

ラナ・プラザ崩壊事故 …………… 6, 115, 121
リー・ジャパン株式会社 ………………… 102
陸前高田市 ………………………………… 39
リクレイムド（再生）コットン ………… 150
リボーン・ウェア ………………………… 112
倫理的消費者 ……………………………… 2
「倫理的消費」調査研究会 ………………… 5

■**執筆者紹介** （執筆順，★は編著者）

横山恵子　★　　　　……はしがき，第1章，第4章，第5章，第6章，第7章
　　関西大学商学部教授

杉本貴志　　　　　　　　　　　　　　　　　　　　　……第2章
　　関西大学商学部教授

長谷川伸　　　　　　　　　　　　　　　　　　　　　……第3章
　　関西大学商学部准教授

宮﨑慧　　　　　　　　　　　　　　　　　　　　　　……第7章
　　慶應義塾大学産業研究所共同研究員

■ 協力者紹介

関西大学エシコレへのご参加・協力事業者

リー・ジャパン株式会社（Lee），株式会社ココウェル，
認定NPO法人リボーン・京都，株式会社福市（Love&sense），
有限会社シサム工房，JAMMIN合同会社，
フェアトレードカンパニー株式会社（ピープルツリー），
株式会社オルタナ，一般社団法人ソーシャルプロダクツ普及推進協会（APSP），
株式会社ボーダレス・ジャパン（Business Leather Factory，ハルウララ）
認定NPO法人アクセス―共生社会をめざす地球市民の会，
近畿労働金庫（近畿ろうきん），株式会社Humming（NADELL），
パタゴニア，株式会社阪急阪神百貨店，ザ・ボディショップ，
ファッションブランド「アリゼティ」，Holden，
グローバルスタンダードジャパン合同会社，国友商事株式会社，
サラヤ株式会社，株式会社SoooooS.カンパニー，株式会社TIGER，
豊島株式会社，ハートツリー株式会社，ABCtex，認定NPO法人パルシック，
株式会社ハニールネッサンス，株式会社地域法人無茶々園

関西大学商学部エシコレ学生実行委員会ほか

齊内将慶（第5章，第6章），
北田樹（第6章，第7章），
林佑美，瀬戸脇連，安田萌乃（第6章），
高橋崚，藤内奎伍，竹内望（第5章），
安藤里紗，大西良佳，國佐友香子，高田智晴，津村慧，西山唯，
森脇優香，横川祥也，吉田一平，青野早希，岩城涼香，大塚裕介，
岡早希，加上純汰，小林由佳，小藪翔平，齋藤有莉，新出桃香，
中島倫香，福山花菜子，藤岡恵大，堀口愛実，弥栄加奈子，南方駿甫，
村田侑己，山野允，市場美帆，野田実紗子，松田のどか，眞島里佳

エシカル・アントレプレナーシップ
――社会的企業・CSR・サスティナビリティの新展開――

| 2018年9月20日 | 第1版第1刷発行 |
| 2023年1月15日 | 第1版第4刷発行 |

編著者　横　山　恵　子
著　者　杉　本　貴　志
　　　　長谷川　　　伸
　　　　宮　﨑　　　慧
発行者　山　本　　　継
発行所　㈱中央経済社
発売元　㈱中央経済グループ
　　　　パブリッシング

〒101-0051　東京都千代田区神田神保町1-31-2
電話　03 (3293) 3371 (編集代表)
　　　03 (3293) 3381 (営業代表)
https://www.chuokeizai.co.jp
印刷／昭和情報プロセス㈱
製本／㈲井上製本所

© 2018
Printed in Japan

＊頁の「欠落」や「順序違い」などがありましたらお取り替えいたしますので発売元までご送付ください。(送料小社負担)
ISBN978-4-502-27081-9　C3034

JCOPY〈出版者著作権管理機構委託出版物〉本書を無断で複写複製 (コピー) することは，著作権法上の例外を除き，禁じられています。本書をコピーされる場合は事前に出版者著作権管理機構 (JCOPY) の許諾を受けてください。
JCOPY〈https://www.jcopy.or.jp　e メール：info@jcopy.or.jp〉

好評発売中

実践 ビジネスプラン 第2版

川上智子・徳常泰之・長谷川伸〔編著〕
A5判・184頁
ISBN：978-4-502-14051-8

アイデア出し，データ収集，資金調達，採算計画など，顧客に価値を届けるまでの全体像であるビジネスプラン作成の基本知識とプロセスを解説。事業の創造のための入門書。

◆本書の主な内容◆

Part1 入　門　　第1章　ビジネスプランとは何か
　　　　　　　　第2章　ビジネスプラン作成の流れ
　　　　　　　　第3章　ビジネスプランの項目
Part2 発　展　　第4章　アイデア出しを成功させる
　　　　　　　　第5章　ビジネスプラン作成とデータ収集
　　　　　　　　第6章　会社と経営
　　　　　　　　第7章　ベンチャー・ファイナンス
　　　　　　　　第8章　事業採算計画
Part3 ケース　　第9章　3色ボールペン法で読み解くケーススタディ
　　　　　　　　第10章　ミニケース集
　　　　　　　　終　章　ビジネスの基礎力とは

中央経済社